16	3	2	13
5	10	11	8
9	6	7	12
4	15	14	1

Paulo Eduardo Arantes

A FRATURA BRASILEIRA DO MUNDO

Visões do laboratório brasileiro da mundialização

Posfácio de Marildo Menegat

editora 34

EDITORA 34

Editora 34 Ltda.
Rua Hungria, 592 Jardim Europa CEP 01455-000
São Paulo - SP Brasil Tel/Fax (11) 3811-6777 www.editora34.com.br

Copyright © Editora 34 Ltda., 2023
A fratura brasileira do mundo © Paulo Eduardo Arantes, 2023

A FOTOCÓPIA DE QUALQUER FOLHA DESTE LIVRO É ILEGAL E CONFIGURA UMA
APROPRIAÇÃO INDEVIDA DOS DIREITOS INTELECTUAIS E PATRIMONIAIS DO AUTOR.

Capa, projeto gráfico e editoração eletrônica:
Franciosi & Malta Produção Gráfica

Revisão:
Milton Ohata
Beatriz de Freitas Moreira

1ª Edição - 2023

CIP - Brasil. Catalogação-na-Fonte
(Sindicato Nacional dos Editores de Livros, RJ, Brasil)

	Arantes, Paulo Eduardo
A724f	A fratura brasileira do mundo: visões do laboratório brasileiro da mundialização / Paulo Eduardo Arantes; posfácio de Marildo Menegat. — São Paulo: Editora 34, 2023 (1ª Edição). 144 p.

ISBN 978-65-5525-135-7

1. Globalização econômica.
2. Brasilianização. 3. Sociedade dual.
4. Filosofia. 5. Crítica das ideias.
I. Menegat, Marildo. II. Título.

CDD - 190

A FRATURA BRASILEIRA
DO MUNDO
Visões do laboratório brasileiro da mundialização

Nota editorial... 7

A FRATURA BRASILEIRA DO MUNDO

I 11
II 21
III 67

Posfácio, *Marildo Menegat*.. 96

Sobre o autor 140

NOTA EDITORIAL

A fratura brasileira do mundo foi publicado originalmente na obra coletiva organizada por José Luís Fiori e Carlos Medeiros, *Polarização mundial e crescimento* (Coleção Zero à Esquerda, Vozes, 2001). Posteriormente, em Paulo Eduardo Arantes, *Zero à esquerda* (Coleção Baderna, Conrad, 2004). Uma edição portuguesa integrou a série Cadernos Ultramares (Azougue, 2009).

A FRATURA BRASILEIRA DO MUNDO

Visões do laboratório brasileiro da mundialização

I

Encontro marcado

Um dos mitos fundadores de uma nacionalidade periférica como o Brasil é o do encontro marcado com o futuro. Tudo se passa como se desde sempre a história corresse a nosso favor. Um país, por assim dizer, condenado a dar certo. Estudando certa vez as manifestações literárias deste velho sentimento brasileiro do mundo, Antonio Candido falou em consciência amena do atraso, correspondente à ideologia de país novo, na qual se destaca a pujança virtual, a grandeza ainda por realizar.[1] Estado de espírito euforizante de tal modo arraigado, a ponto de sobreviver até mesmo à revelação dramática do subdesenvolvimento, tal a confiança numa explosão de progresso que adviria, por exemplo, da simples remoção do imperialismo. E mais, o futuro não só viria fatalmente ao nosso encontro, mas com passos de gigante, queimando etapas, pois entre nós até o atraso seria uma vantagem. Fantasia encobridora reforçada inclusive pelo viajante estrangeiro ofuscado pela exuberância nacional, como foi o caso de um Stefan Zweig, autor do mais celebrado clichê dessa mitologia compensatória: Brasil, País do Futuro.[2]

[1] Antonio Candido, "Literatura e subdesenvolvimento", em *A educação pela noite e outros ensaios*, São Paulo, Ática, 1987.

[2] Segundo um comentário recente, podemos imaginar o funciona-

A fratura brasileira do mundo

PROCISSÃO DE MILAGRES

Ocorre que não faltou apoio na experiência nacional para a cristalização dessa miragem consoladora. A tal ponto que Sérgio Buarque de Holanda se referiu certa vez à nossa história econômica como uma verdadeira "procissão de milagres".[3] Primeiro, o milagre do ouro no século XVIII, a tempo de nos salvar na hora crítica em que a economia açucareira arrefecia seu ímpeto. Depois, o milagre do café, caindo do céu quando o esgotamento das minas anunciava uma desagregação econômica ameaçadora. Pois bem: depois de ressuscitar esta visão irônica de uma atividade econômica, por assim dizer, veleidosa, movida a arranques mais ou menos fabulosos, João Manoel e Fernando Novais acabam concluindo que, tudo bem pesado, "nossa industrialização não deixou de ser também um desses milagres: resultou antes de circunstâncias favoráveis, para as quais pouco concorremos, do que da ação deliberada de uma vontade coletiva".[4]

mento dessa narrativa do surgimento de uma nação como "uma espécie de rodovia, um trajeto que leva das origens indígenas e coloniais diretamente a um futuro glorioso: assentada sobre pilares de concreto, não se deixando desviar pela paisagem circundante e nem pelas eventuais saídas — e, sobretudo, sem possibilidade de retorno". Alexander Honold, "País do futuro ou Paraíso perdido?", *Praga*, nº 9, 2000, p. 159. Por certo, imagem de um brasilianista que sabe do rodoviarismo desenvolvimentista e sua culminação em Brasília.

[3] Passagem de *Visão do paraíso* recentemente relembrada por João Manoel Cardoso de Mello e Fernando A. Novais em "Capitalismo tardio e sociabilidade moderna", em Lilia Moritz Schwarcz (org.), *História da vida privada no Brasil*, São Paulo, Companhia das Letras, 1998, vol. 4, pp. 644-5.

[4] Para a periodização dessa milagrosa industrialização tardia, que se beneficiou da relativa estabilização dos padrões tecnológicos e de produ-

Sintaxe da frustração[5]

Está claro que tamanha confiança nesse providencial encontro marcado com o futuro cedo ou tarde se tornaria uma fonte de frustrações recorrentes. De fato, toda essa fantasia progressista mal encobria o estado de ansiedade permanente em que vivia pelo menos a inteligência nacional — para não falar no bovarismo das camadas dirigentes propriamente políticas e econômicas. É só lembrar, no século XIX, a aflição do abolicionista Joaquim Nabuco com a procrastinação das elites, cuja letargia escravista arriscava nos deixar de fora dos benefícios da Segunda Revolução Industrial. Não por acaso, poucos meses depois do fracasso de mais um plano de estabilização (o Plano Cruzado, lançado em fevereiro de 1986), numa entrevista igualmente marcada pelo temor de faltar ao nosso encontro marcado com a história, o mesmo João Manoel que linhas acima se dera conta do caráter milagroso da industrialização brasileira, recordava muito a propósito a advertência de Nabuco: "se mantivermos a escravidão, a gen-

ção nos países centrais ao longo do século XX, contando além do mais com as facilidades da cópia, cf. "Capitalismo tardio e sociabilidade moderna", *op. cit.*, pp. 645-6. Sem falar, é claro, na excepcionalidade igualmente miraculosa da expansão capitalista durante os "trinta anos gloriosos" do pós-guerra.

[5] A expressão é de Anatol Rosenfeld e se refere à estrutura "sem desenvolvimento" das narrativas de Kafka, em que os episódios se sucedem como nos romances picarescos ou nas histórias em quadrinhos, estrutura básica que se apresenta até mesmo na sintaxe das orações que "se iniciam com afirmações esperançosas que, em seguida, são postas em dúvida, desdobradas nas suas possibilidades, cada qual ramificando-se em novas possibilidades. Pouco a pouco, a afirmação inicial é limitada por uma inundação de subjuntivos e condicionais". Anatol Rosenfeld, *Texto/contexto*, São Paulo, Perspectiva, 1969, p. 232.

A fratura brasileira do mundo

te vai ficar fora do que vai acontecer no mundo; a escravidão demorou muito para ser abolida e o Brasil ficou fora, não pegou este bonde".[6] Mal começados os anos 1990, ainda o mesmo autor e o mesmo compasso da frustração, na falta de uma nova procissão de milagres, cujas idas e vindas em todo caso se parecem mais com a intermitência das miragens: "levamos cem anos, de 1830 a 1930, para imitar a inovação fundamental da Primeira Revolução Industrial, o setor têxtil. E noventa anos, de 1890 a 1980, para copiar os avanços da Segunda Revolução Industrial. Quando tudo dava a impressão de estarmos prestes a entrar no Primeiro Mundo, eclodiu a Terceira Revolução Industrial [...]. Há dez anos, caímos na estagnação. Vivemos, hoje, à beira da depressão e da hiperinflação. E constatamos, a toda hora, com espanto e vergonha, a enorme distância que nos separa da civilização".[7] Em tempo: o andamento melancólico do trecho não deve obviamente ser tomado ao pé da letra, pois faz parte do jogo parodiar a dicção acabrunhada das nossas classes dirigentes deprimidas pelo cotejo com os padrões metropolitanos de ordem e progresso. Meia dúzia de anos depois, nova variação sobre o mesmo tema: "Os mais velhos lembram-se muito bem, mas os mais moços podem acreditar: entre 1950 e 1979, a sensação dos brasileiros, ou de grande parte dos brasileiros, é de que faltava dar uns poucos passos para finalmente nos tornarmos uma nação moderna [...]. Havia certamente bons motivos para afiançar o otimismo. A partir dos anos 1980, entretanto, assiste-se ao reverso da medalha".[8] Enfim, derradeira figura da procissão de milagres: "o excesso de liquidez no

[6] *Folha de S. Paulo*, 6/9/1987, p. A-38.

[7] João Manoel Cardoso de Mello, "Consequências do neoliberalismo", *Economia e Sociedade*, nº 1, 1992, p. 59.

[8] J. M. C. de Mello e F. A. Novais, "Capitalismo tardio e sociabilidade moderna", *op. cit.*, p. 560.

mercado financeiro internacional, agora globalizado, permitiu em 1994 a implementação do Plano Real. Com a entrada maciça de recursos externos de curto prazo, engessamos o câmbio, abrimos a economia e multiplicamos as importações, freando a subida dos preços: nosso mais recente milagre."[9] É claro que na mais recente acepção do termo milagre: quatro anos depois, o acordo falimentar com o FMI encerrava mais este episódio no capítulo das miragens milagrosas.

Se um leitor francês — que devo presumir interessado na crônica dos nossos desencontros com esse alto destino nacional, como logo mais se verá — folhear o número especial (257) que *Les Temps Modernes* dedicou ao Brasil em 1967, encontrará um outro registro revelador desta síndrome do encontro marcado. No artigo de abertura, ninguém menos do que Celso Furtado rendia-se ao que lhe parecia ser a evidência de um desastroso processo de "pastorização" do Brasil, que assim retornava ao marco zero na condição de "fronteira" de um novo arranjo supranacional ditado pela potência tutelar do golpe de 1964. E, no entanto, logo no ano seguinte à publicação deste artigo desenganado quanto ao nosso futuro congênito, declarava-se oficialmente aberta a temporada de mais um "milagre brasileiro", e novamente por força da exceção internacional e não da regra, como é da natureza dos milagres, que aliás se multiplicaram mundo afora naquela década de 1970. O novo eclipse desse mítico futuro sobreveio logo adiante, com a chamada (para abreviar) crise da dívida, e nele estamos mergulhados há duas décadas. Nestas circunstâncias, como era de se prever, retorna pontualmente à sua posição inicial o avesso do mito fundador de que partimos. Assim, desde o início dos anos 1990, Celso Furtado vem glosando por sua vez o tema da construção nacional interrompida e ameaçada, quando não cancelada de uma vez

[9] *Idem, ibidem*, p. 648.

A fratura brasileira do mundo   15

por todas: "Tudo aponta para a inviabilização do país como projeto nacional [...]. Trata-se de saber se temos um futuro como nação que conta na construção do devenir humano".[10] Se ainda houvesse alguma dúvida quanto à natureza recorrente do futuro que teima em não comparecer ao encontro marcado, basta relembrar os termos do que dizia o mesmo Celso Furtado há trinta anos em *Les Temps Modernes*: "A evolução mundial na segunda metade do século atual [...] pôs em evidência as incertezas que pairam com respeito ao futuro do Brasil. Existe um futuro para este país de dimensões continentais, cuja população em cinco anos terá superado os cem milhões, como projeto nacional auto-orientado?".[11]

TITANIC

Se depender do diagnóstico fechado ainda outro dia pelo poeta e ensaísta alemão Hans Magnus Enzensberger, o grande futuro que nos estava prometido, com base obviamente na gigantesca vitalidade do país, simplesmente não chegou, nem chegará. "O Brasil é um país que acreditou que o futuro estivesse do seu lado e que trabalhava para ele [...]. A bandeira brasileira é a única no mundo que ostenta o slogan 'Ordem e Progresso'. É um slogan fantástico para um país [...]. O progresso para o Brasil dentro da modernização foi uma perspectiva virtual e sempre adiada."[12] Demasia poética? É

[10] Celso Furtado, *Brasil: a construção interrompida*, São Paulo, Paz e Terra, 1992, p. 35.

[11] *Idem*, "Brasil: da República oligárquica ao Estado militar", em *Brasil: Tempos modernos* [ed. bras.], Rio de Janeiro, Paz e Terra, 1977, p. 2.

[12] Entrevista a José Galisi Filho, *Folha de S. Paulo*, Caderno Mais!, 12/12/1999, p. 30.

bom não esquecer que Enzensberger, justamente na condição de poeta e simpatizante histórico das revoluções nos trópicos, a começar pela cubana, pressentiu e profetizou em plena década de 1970 o naufrágio próximo e conjunto do sistema soviético, da periferia emergente e do *Welfare* europeu, mergulhando a massa restante numa espécie de banalização do mal-estar na civilização capitalista vencedora.[13] Como se vê, dos dois lados do equador, a grande narrativa da convergência providencial do Progresso com a sociedade brasileira em construção já não convence mais, no juízo de um outro crítico literário, quer dizer, na opinião de um ensaísta que ainda considera a experiência artística o sismógrafo mais idôneo da história.[14] Aliás, tampouco por acaso, Enzensberger também acha que valeria para o Brasil o mesmo raciocínio hegeliano acerca do fim do Período da Arte. De fato, quando Hegel afirmou que a arte havia se tornado uma coisa do passado, não quis dizer evidentemente que não haveria mais obras de arte; pelo contrário, acrescentou no mesmo passo que, a partir de então, num movimento sempre recomeçado de autorreflexão, ela adiaria o seu ponto final graças a uma crescente e exaustiva meditação sobre seus meios e fins. Do mesmo modo, segundo Enzensberger, o duplo "fim" do Brasil nunca chegou, como o da arte, está sempre sendo adiado. Mesmo porque, quando falamos do "fim", ele não pode já estar aí, de corpo presente, pois senão não poderíamos falar dele: "no meu poema do naufrágio não formulo o 'fim', mas a iminência do fim [...]. Enquanto ainda falarmos, este fim

[13] Como lembrado por Vinícius Dantas em artigo sobre o poema "O naufrágio do Titanic", *Folha de S. Paulo*, Jornal de Resenhas, 8/7/2000, p. 7.

[14] Roberto Schwarz, "Fim de século", em *Sequências brasileiras*, São Paulo, Companhia das Letras, 1999, p. 161. O artigo em questão é de 1994.

nunca deixará de recuar. Mas quem dará o testemunho do naufrágio, já que, como digo no poema, 'o fim é sempre discreto', já aconteceu, o *iceberg* já atingiu a estrutura do sistema?". Resta saber portanto o que virá depois da Ordem e do Progresso. Uma "outra desordem", responde o poeta, de mesma natureza, imagino, que o girar em si mesmo do fim da arte que nunca chegou.[15]

Um futuro para o passado

Deu-se então uma surpreendente reviravolta — resta ver até que ponto imaginária ou real. E, ao que parece, nos termos mesmos do presságio do poeta, já que a seu ver o Brasil afinal teria relativizado "a dialética de ambos os polos da Ordem e do Progresso, com a mistura de um pouquinho de progresso com regressão". Pois justamente durante esta segunda década perdida de ajustes subalternos, ao longo da qual nos debatemos com nosso fim de linha nacional, nos vimos transformados numa espécie de paradigma, algo como uma categoria sociológica para o buraco negro da globalização — não uma remota África do humanitarismo à distância, na verdade um espectro ainda mais inquietante, porque somos estritamente modernos, além de economicamente desfrutáveis *as usual*. De sorte que, na hora histórica em que o país do futuro parece não ter mais futuro algum, somos apontados, para mal ou para bem, como o futuro do mundo.

[15] Alguns anos antes dessas reflexões sobre o Brasil, Enzensberger já havia antecipado algo a respeito dessa "outra desordem" em suas visões da guerra civil, nas quais predomina a autodestruição dos perdedores enfurecidos com o desinteresse do capital em arrancar-lhes a pele. Cf. Hans Magnus Enzensberger, *Guerra civil*, São Paulo, Companhia das Letras, 1995.

Noves fora equívocos de parte a parte, uma chance histórica, do tamanho da ruptura de época que estamos vivendo, para trazer de volta a reflexão à periferia, no espelho da qual desta vez a metrópole se contempla, por certo que com a autocomplacência de praxe. Seja como for, não é trivial que o mundo ocidental confessadamente se brasilianize, depois de ter ocidentalizado a sua margem.

II

Brazilianization

Não saberia dizer ao certo quem lançou a tese da brasilianização do mundo. Como a expressão original indica, é mais do que provável que tenha sido nos Estados Unidos, à vista da inédita polarização social desencadeada pela contrarrevolução liberal-conservadora da Era Reagan. Pelo menos é a essa nova máquina de gerar desigualdade e insegurança econômica crônica que se refere, por exemplo, a teoria de Edward Luttwak acerca da *tiers-mondisation* da América.[16] Aqui e ali pipocam exemplos de subdesenvolvimento à brasileira, mas nada de sistematicamente novo.

É possível mesmo que o primeiro enunciado explícito da tese se deva a Michael Lind, para o qual a verdadeira ameaça pairando sobre o século XXI americano não é a escalada da violência étnica nos moldes da fragmentação balcânica, mas a *brasilianização da sociedade*: "por brasilianização eu não entendo a separação das culturas pela raça, mas a separação das raças por classe. Como no Brasil, uma cultura americana compartilhada poderia ser compatível com um rígido sistema informal de castas, no qual a maioria dos que estão no topo é branca, enquanto a maioria dos americanos negros

[16] Edward Luttwak, *Le Rêve Américain en danger*, Paris, Odile Jacob, 1995 (a edição americana é de 1993).

e mulatos ficaria na base da pirâmide — para sempre".[17] Uma outra característica "brasileira" deste quadro consistiria na dimensão horizontal da guerra de classes. No entender de Michael Lind, o domínio da oligarquia branca na política americana está na verdade sendo fortalecido e não ameaçado pela crescente polarização da sociedade. Numa sociedade mais homogênea, a atual concentração exponencial de poder e riqueza certamente provocaria alguma reação da maioria. Porém, na atual situação, em que uma oligarquia confronta uma população diversificada e separada por raças, malgrado a cultura nacional comum, o ressentimento provocado pelo declínio econômico se expressa muito mais na hostilidade entre os grupos na base do que numa rebelião contra os do topo — tal como se viu no último motim em Los Angeles, quando negros, hispânicos e brancos amotinados se voltaram contra os pequenos comerciantes coreanos em vez de marcharem sobre Beverly Hills. A brasilianização estaria patente ainda nos novos usos e costumes dessa *overclass* entrincheirada num país retalhado por enclaves privatizados, uma nação dentro da nação, desfrutando de uma sorte de extraterritorialidade que a imaginação política local costumava atribuir às oligarquias latino-americanas. A rigor, a novidade aqui reside no batismo brasileiro dessa revolução dos ricos e do futuro sombrio que ela estaria encubando. Salvo pelo qualificativo de brasileiro, o estado de verdadeira secessão em que viveriam as novas elites americanas, empenhadas em se desvencilhar dos laços políticos legais que ainda as atrelaria ao estorvo crescente representado por seus compatriotas de pés de chumbo, já havia sido identificado, por exemplo, por Robert Reich, só que à cata de circunstâncias atenuantes para o

---

[17] Michael Lind, *The Next American Nation*, Nova York, The Free Press, 1995, p. 216. Cf. o breve comentário de Serge Halimi em *Le Monde Diplomatique*, mar. 1996, p. 12.

fenômeno — entre outros paradoxos, a relativa tranquilidade política em que vem se operando tal desengajamento social —, como a obsolescência das fronteiras nacionais, acompanhada pela crescente capacidade demonstrada pela nova classe de "manipuladores de símbolos" de agregar valor nas cadeias relevantes nas redes globais de negócios.[18] (Quanto à provável marca brasileira deste novo separatismo da *overclass* americana, seria bom prevenir desde já o anacronismo: a desterritorialização das camadas superiores brasileiras é coisa muito recente, data a bem dizer da possibilidade atual de "dolarizar" seu patrimônio, pois só agora o dinheiro mundial ofereceu-lhe finalmente a oportunidade de evadir-se da prisão nacional.)

Pouco depois, Christopher Lasch aproveitaria a deixa e inverteria o raciocínio passavelmente apologético do futuro Secretário do Trabalho do primeiro período Clinton: a equívoca meritocracia dos secessionistas na verdade representava uma ameaça para a vida civilizada num espaço cívico-nacional; ao contrário das massas temidas por Ortega y Gasset nos anos que antecederam a retomada da Grande Guerra, o perigo vinha agora da "rebelião das elites", enquanto a antiga subversão popular se dissolvia no tímido conformismo de um processo de aburguesamento frustrado.[19] Àquela altura, ainda nenhuma palavra mais explícita sobre o termo de comparação brasileiro que volta à cena — ou melhor, permanece em cena — mais recentemente no capítulo americano do ensaio de John Gray sobre os equívocos do "globalismo".[20] A

[18] Robert Reich, *L'Économie mondialisée*, Paris, Dunod, 1993, cap. 22 (a edição americana é de 1991).

[19] Christopher Lasch, *A rebelião das elites e a traição da democracia*, Rio de Janeiro, Ediouro, 1995.

[20] John N. Gray, *False Dawn: The Delusions of Global Capitalism*, Londres, Granta, 1998, cap. 5.

seu ver, também não são nada desprezíveis os sinais de brasilianização da sociedade americana. Embora o estigma infame não seja claramente assinalado, digamos que o mais abrangente deles aponta para o divórcio entre a economia política do livre mercado e a economia moral da civilização burguesa, cujas instituições características, da carreira à "vocação" de tipo weberiano, a bem dizer deixaram de existir. Como resultado da remodelação da sociedade americana para se ajustar ao novo poder empresarial, a classe média desaburguesou-se, ao mesmo tempo que a maior parte da antiga classe operária industrial se reproletarizava, enterrando de vez o mito do progressivo *embourgeoisement* das camadas trabalhadoras no capitalismo organizado ao longo do pós-guerra. Numa palavra, a América não seria mais uma sociedade burguesa — tal como o Brasil, que nem mesmo chegou a sê-lo. Como um país periférico, nem mais nem menos, tornou-se uma sociedade partida em dois, "em que uma aflita maioria está espremida entre uma *underclass* sem esperanças e uma classe superior que recusa quaisquer obrigações cívicas". Aliás, ainda mais intensamente dividida do que uma sociedade mal-acabada do sul do continente, à vista da explosão, sem precedentes na história do país, do encarceramento em massa, paralelamente à evasão das elites emparedadas em comunas fechadas. A seu ver, o avanço da financeirização da riqueza num país fraturado assim, de alto a baixo, estaria arrastando os Estados Unidos a um "regime *rentier*, do tipo da América Latina".

Finalmente, um derradeiro registro insuspeito da propagação dessa percepção americana da brasilianização dos Estados Unidos pode ser encontrado na óbvia apreensão com que o filósofo Richard Rorty passou a admitir, na esteira do diagnóstico supracitado de Edward Luttwak, que o fascismo pode muito bem ser o futuro americano, ou algo do gênero de uma reação populista autoritária à atual divisão brasileira da América num sistema de castas sociais hereditárias, desfecho terminal que consolidaria de vez a despótica supremacia da oligarquia de feitio brasileiro identificada por Michael Lind.[21] É bom lembrar que, em meados dos anos 1980, o pragmatismo filosófico de Rorty, subordinando a vontade de verdade e suas sequelas doutrinárias ao desejo prático-institucional de solidariedade de grupo, autorizava-o a recobrir com algum verniz filosófico o "sucesso" das ricas democracias industrializadas do Atlântico Norte que estavam "dando certo" ou "funcionando", na acepção pragmática do termo. Como para um pragmatista à maneira de William James e Dewey, a verdade não é algo que corresponda à realidade, mas alguma coisa em que, para "nós" é bom acreditar — como a liberal-democracia americana, por exemplo, cujo "sucesso" nada tem a ver com o fato de ser mais ou menos verdadeira, mais ou menos conforme aos princípios da natureza humana —, o consenso de uma comunidade passa a ser a peça central de uma construção baseada na vontade de alcançar o maior acordo intersubjetivo possível. Vistas as coisas por este prisma, compreende-se que a hora da verdade tenha chegado com a revelação da inédita dessolidarização nacional à brasileira, no caso a descoberta, entre outras fragmentações, da "secession of the successful", na frase de Robert Reich também citada pelo filósofo. Por definição, não pode haver "pragmatismo" (nada a ver com sua tradução brasileira barateada) que resista à quebra de algo como uma comunidade republicana entre explorados e exploradores: deslegitima-se assim uma economia internacionalizada "possuída por uma classe superior cosmopolita que não tem mais senso de comunidade com qualquer trabalhador em qualquer lugar do que os grandes capitalistas americanos do século

---

[21] Richard Rorty, *Achieving our Country: Leftist Thought in Twentieth-Century America*, Cambridge, Harvard University Press, 1998.

XIX tinham com os imigrantes que manejavam as suas empresas". Há mais ainda no capítulo das analogias brasileiras, desta vez, porém, sem menção do modelo degradante. Qualquer brasileiro que tenha observado ultimamente a ascensão política entre nós do Partido Intelectual, e sobretudo seu *modus operandi* no Brasil privatizado de hoje, se sentirá em casa diante do quadro esboçado pelo filósofo americano frustrado no seu pragmatismo, cuja afinidade eletiva com a ideia republicana de nação não deixa aliás de fazer sentido. Pois Rorty reparte a *overclass* identificada por Michael Lind em dois pelotões de comando: no topo, a plutocracia internacionalizada onde as decisões são tomadas; logo abaixo, os "manipuladores simbólicos" de Robert Reich, os profissionais de instrução superior, cujo trabalho consiste em assegurar a realização suave e eficiente das decisões tomadas pelos primeiros, que por sua vez terão todo o interesse em conservar próspera e satisfeita tal camada social, pois "eles precisam de pessoas que possam fingir ser a classe política de cada Estado-nação individual. Para assegurar o silêncio dos proletários, os super-ricos terão de continuar fingindo que a política nacional pode algum dia fazer diferença".

A PERIFERIA NA METRÓPOLE DO CAPITALISMO

Que eu saiba, até agora ninguém se atreveu a sugerir que o coração do Império Americano com o tempo também se converterá em uma Índia, encimada por uma Bélgica. Todavia é isso mesmo que a tese da brasilianização dos Estados Unidos pretende insinuar. Mais exatamente, uma *dualização* tamanha da sociedade que só encontra paralelo no país clássico das clivagens inapeláveis, algo como o desfecho metafórico natural para sensação generalizada de "polarização dickensiana" nos centros emblemáticos da riqueza global, como no limiar da primeira industrialização, na visão românica inglesa da sociedade dividida entre "duas nações" antagônicas. Seja como for, o fato é que o espantalho brasileiro acabou despontando no horizonte de um novo dualismo social *on the rise*. E o espectro de um equívoco, vistas as coisas do nosso ângulo. É que faz um bom tempo o antigo repertório da dualidade e seus derivados passaram desta para melhor, além do mais, irremediavelmente desmoralizado, conforme madrugava nos hoje remotos anos 1960 o derradeiro capítulo da tradição crítica brasileira. Com toda a razão aliás, pelo menos enquanto variante das teorias funcionalistas da modernização, e suas respectivas políticas de acatamento subalterno dos padrões societários centrais, e consequente inclusão das barbaridades capitalistas locais no rol das anomalias do "atraso" e outros desvios. Mesmo assim — tal a regressão ideológica contemporânea —, esse velho subproduto do evolucionismo modernista e seu cortejo de categorias polares, repartidas entre o campo dos avançados e o contracampo dos retardatários, foi reposto em circulação, é verdade que menos como "teoria" do que como sinal de alarme ante a marcha do mundo no rumo de uma explosiva configuração "dual" entre integrados e descartados, hierarquicamente congelada. Apartação que a visão prevalecente no topo do mundo prefere encarar como uma disfunção — "regulações" residuais, inércias fundamentalistas — que o tempo se encarregaria de absorver. Tempo, por sua vez, funcionalmente espacializado — como nas antigas justaposições de setores sociais defasados —, numa derradeira corrida de adaptação à última encarnação do moderno. Isso no âmbito das agências e *think tanks* do poder imperial, desde que acendeu a luz vermelha do crescente mal-estar na globalização. De qualquer modo, dualismo à revelia, já que a simples admissão de uma sociedade global cindida entre vencedores e perdedores irreversíveis compromete a fraseologia da mundialização convergente e socialmente integradora. No plano local, porém, a ironia da reviravolta é bem mais grosseira: sob pretexto de modernização de um capitalismo em marcha desacelerada, veteranos da supracitada tradição crítica brasileira reinventaram, para fins de propaganda e marketing do novo mando, o mito do Brasil "errado", na verdade *meio Brasil* — ibérico, corporativo, imprevidente e tecnófobo —, emperrando o deslanche da outra metade, a vanguarda dos que estão se dando bem no país privatizado. Esse o velho acervo de equívocos e acertos que a *brazilianization thesis* veio revirar, à sua maneira igualmente enviesada, tanto no Centro como na Periferia.

Nos tempos do grande embate com o raciocínio dualista na explicação das singularidades nacionais, um argumento recorrente costumava ressaltar seu cunho espacializante (como se recordou há pouco), tendente portanto a compartimentar as grandes dicotomias que travavam nossa formação, no limite uma renúncia ao dinamismo da crítica interessada em destacar a dimensão "moderna" do Antigo Regime e a parte de retrocesso no "progresso" da nova ordem. Até mesmo certas metáforas espaciais eram malvistas, por bloquearem o impulso temporal da imaginação histórica: a ponto de os mais extremados considerarem duvidosa a distinção entre Centro e Periferia, já que o capitalismo era um só... *Na verdade não era a visão espacial da sociedade dividida que ofuscava as promessas da dialética, mas algo como um fatal desconhecimento da territorialidade do poder capitalista pelo argumento materialista clássico.* Em linha com o liberalismo econômico do século XIX, Marx "havia suposto que o mercado mundial operava por cima das cabeças e não através das mãos dos atores do Estado".[22] Pois foi justamente a

---

[22] Giovanni Arrighi, "Século marxista, século americano", em *A ilusão do desenvolvimento*, Coleção Zero à Esquerda, Petrópolis, Vozes, 1997, p. 309 (publicado originalmente em *New Left Review*, nº 179,

atual hipermobilidade do capital que veio lançar uma nova luz sobre esse ponto cego de nossa tradição crítica, não por acaso engolida pelo mito economicista da globalização enquanto transbordamento natural dos mercados nacionais interdependentes. Uma tal liberdade de movimento, ontem como hoje, simplesmente não seria possível na ausência de uma multiplicidade hierarquizada de jurisdições políticas: foi preciso um fiasco sem precedentes na história de nossa *intelligentsia* para que se redescobrisse essa verdade elementar do moderno sistema mundial enquanto modo de governo e acumulação. Assim sendo, não surpreende que a abordagem dualista — por certo sempre suspeita de sobrecarga ideológica, ora a favor, ora contra — tenha ganhado uma segunda juventude, graças justamente à centralidade da espacialização capitalista na atual dinâmica mundializada da acumulação.

Ao contrário do que apregoa o senso comum globalitário — tanto à esquerda como obviamente à direita — acerca da imaterialidade da nova riqueza capitalista e a respectiva falta de importância do "lugar", a atual pulverização da atividade econômica pela transnacionalização das cadeias produtivas globais seria materialmente inviável sem uma correspondente centralização territorial, mais especificamente uma hiperconcentração da propriedade dos meios de produção e consumo em nós estratégicos exigidos por uma nova lógica de aglomeração. Essa — a matriz material-espacial da Dualização — cuja ressurreição surpreendente no coração mesmo do sistema está nos interessando identificar, está claro que à luz da nossa ambígua dualidade, por assim dizer, de raiz, co-

1990). Para essa retificação de percurso entre nós, e tudo o mais que isso implica para a esquerda na avaliação da miragem globalista quanto a uma tendência homogeneizadora de fundo na difusão mundial do mercado capitalista, ver por exemplo a introdução de José Luís Fiori à obra coletiva *Estados e moedas no desenvolvimento das nações* (Coleção Zero à Esquerda, Petrópolis, Vozes, 1999).

mo é o caso de uma periferia originária — gerada na primeira expansão colonial, que veio a ser o *big bang* de nascença da economia-mundo capitalista. Não será preciso acrescentar que o *locus* dessa concentração contínua de comando econômico estratégico, que esse palco mais ostensivo da nova dualidade, é a *cidade*, mas uma cidade antes de tudo mundializada pelo capital e atravessada por uma divisão social inédita entre populações imobilizadas nesses verdadeiros contêineres urbanos e a nova classe dominante em estado de secessão, mas nem por isso podendo dispensar a espécie de mais-valia bruta extorquida dos sedentários. Pois bem: esse fosso crescente entre força de trabalho degradada e descartada e operadores hipervalorizados nas cidades estratégicas de um sistema mundial já em si mesmo altamente desigual e hierarquizado, além do mais percebido na sua mais impressionante manifestação socioespacial, também se apresenta como uma outra evidente confirmação de algo como uma *segunda periferização do mundo*.[23] É nessas cidades divididas que se manifesta o novo dualismo americano que, de uns tempos para cá, vem sendo equiparado à obscena polarização brasileira.[24]

[23] Tomando alguma liberdade com o argumento bem conhecido de Saskia Sassen, que obviamente estava reprisando. Cf., da autora, o capítulo IX de *The Global City: New York, London, Tokyo* (Princeton, Princeton University Press, 1991), e os capítulos I e VI de *As cidades na economia mundial* (São Paulo, Nobel, 1998).

[24] Só para confirmar, no mesmo Robert Reich da secessão dos "manipuladores de símbolos" e seu desengajamento em relação às demais camadas da população nacional: "numa escala muito maior, o esquema da secessão se apresenta nas grandes cidades americanas. Com efeito, já no início dos anos 1980, a maioria das aglomerações se encontrava separada em duas zonas; uma reagrupa os 'manipuladores de símbolos', cujos serviços conceituais estão vinculados à economia mundial; a outra, os prestadores de serviços pessoais, cujos empregos dependem dos primeiros" (R. Reich, *op. cit.*, p. 253). Enquanto isso, vão rareando os *blue collars*;

Foi assim que, desde o início da Era Reagan, Los Angeles começou a ser vista como grande experimento da apartação social característica do novo regime urbano, induzido, no caso, pela transnacionalização do espaço econômico norte-americano e suas brutais assimetrias concentradoras e centralizadoras. Por essa época, Edward Soja, por exemplo, principiou a falar de *cidade dual pós-fordista*, espacialização de uma reestruturação produtiva não por acaso deflagrada por uma completa redisciplinarização da força de trabalho (junto com a dos capitais menos eficientes e a reorientação privatista dos fundos públicos), mediante uma reciclagem ocupacional que polariza cada vez mais o mercado de trabalho, por sua vez inflacionado pela imigração maciça e pelos empregados em tempo parcial e do sexo feminino; o que foi resultando, a seu ver, numa verdadeira *periferização do Centro*: encolhimento das camadas intermediárias, no topo, a oligarquia do capital corporativo, encimando "o maior bolsão de trabalhadores imigrantes mal pagos e mal organizados do país", de sorte que afinal o Centro também se tornou Periferia, na medida mesmo em que a "cidadela empresarial do capital multinacional apoia-se, com rematada agilidade, em uma base cada vez mais ampla de populações estrangeiras".[25]

Pittsburgh é um bom exemplo: aqueles assalariados ditos rotineiros, na classificação tripartite de Reich, ocupavam nos anos 1950 a metade dos empregos na cidade, porém mal alcançavam 20% em meados dos anos 1980, ao passo que as duas outras categorias teriam avançado sobre esse terreno desocupado, numa cidade que nesse meio-tempo se tornara a terceira concentração americana de *headquarters* corporativos. Enfim vale o registro sem novidade, embora não fosse tão óbvio assim dez anos atrás da parte de um membro do *establishment*: o ideal urbano dessa nova raça meritocrática viria a ser o de uma fortaleza *high-tech* introvertida, mesclando funções residenciais, de negócios e consumo conspícuo, sem risco de contato direto com o mundo exterior, em particular com a outra parte da cidade.

[25] Edward Soja, "Tudo se junta em Los Angeles", em *Geografias pós-*

A fratura brasileira do mundo

O retrato mais famoso da dualização de Los Angeles se deve, como sabido, a Mike Davis. Nela já não seria mais possível separar a grande afluência dos ricos e poderosos do desamparo e desmoralização das populações proletarizadas, ao confinamento das quais — dos guetos negros de sempre, inchados pela mão de obra imigrada, à proliferação das instituições carcerárias — correspondem as famigeradas *gated communities*, a fortificação das camadas privilegiadas, privatizando lugares públicos e militarizando o espaço construído.[26] Logo depois foi a vez de Nova York tornar-se outro caso exemplar de ordem social urbana com duas velocidades — a cidade a um tempo global e dual por excelência, na análise bem conhecida de Saskia Sassen e demais teóricos do sistema mundial de cidades.[27]

Dito isso, é bom não esquecer que a Cidade Dual é um tópico clássico da sociologia urbana americana. (Para não remontar ao Livro IV da *República*, no qual Platão também relembra que toda cidade está dividida em duas cidades, a

-modernas: a reafirmação do espaço na teoria social crítica*, Rio de Janeiro, Zahar, 1993, p. 262. Cf. ainda, do mesmo autor, "Poles Apart: Urban Restructuring in New York and Los Angeles", em John H. Mollenkopf e Manuel Castells (orgs.), *Dual City: Restructuring New York*, Nova York, Russell Sage Foundation, 1991.

[26] Mike Davis, *A cidade de quartzo: escavando o futuro em Los Angeles*, São Paulo, Scritta, 1993. Ver a respeito o artigo de Loïc Wacquant, "Le Laboratoire de la polarisation", *Le Monde Diplomatique*, abr. 1998, p. 28.

[27] Cf. por exemplo Paul L. Knox e Peter J. Taylor (orgs.), *World Cities in a World-System* (Cambridge, Cambridge University Press, 1995), para uma revisão e atualização da "*World Cities hypothesis*" de John Friedmann (1982), segundo a qual o novo regime das desigualdades urbanas poderia desde então ser apanhado pela metáfora dual da "cidadela" e do "gueto", imagem que aliás foi derivando para a da "ampulheta" sugerida por Peter Marcuse, ao propor seu próprio modelo de "*quartered city*".

dos ricos e a dos pobres, além do mais em guerra uma com a outra, sendo por isso um erro grave tratá-las como constituindo um só Estado.) O contraste entre opulência e pobreza coexistindo em um mesmo espaço urbano sempre gerou desconforto em cientistas sociais e opinião pública em geral. Depois de recordar essa tradição e ressaltar a carga emocional e política da abordagem dualista, por assim dizer, intuitiva — que pelo menos tinha o mérito de introduzir alguma tensão na visão organicista da cidade como uma comunidade integrada —, Manuel Castells, por sua vez, também afirma que já não é mais esse o dualismo urbano em ascensão, mas uma nova dualidade (se ainda for adequada a expressão) decorrente, como era de se prever, do processo de reestruturação e expansão da chamada economia informacional, como denomina, e sublima, o modo de desenvolvimento capitalista baseado no "trabalho com informação".[28] Mais especificamente, no que consiste afinal, para o mais recente e enciclopédico ideólogo da globalização a nova forma do dualis-

---

[28] Na boa fórmula de Marcos Dantas, na qual as coisas são chamadas por seu nome. Por exemplo, a criação de barreiras ao acesso à informação — ao contrário da apologética corrente, por definição recurso vital, por isso mesmo socialmente produzida — no processo de realização do valor, e sua correspondente apropriação rentista. Cf. Marcos Dantas, *Trabalho com informação: valor, acumulação, apropriação nas redes do capital*, UFRJ, 1994, no prelo (editora Boitempo). Se o autor estiver na direção certa, como parece, é bem provável que à nova centralidade do trabalho com informação correspondam novas periferias na divisão internacional do comando político e econômico sobre a propriedade intelectual: no centro geopolítico do processo de trabalho informacional, as cidades do capital-informação, tão dualizadas quanto a polarização induzida no interior mesmo das redes empresariais, a um tempo altamente concentradas e descentralizadas. [O livro anunciado saiu em 1996, pela editora Contraponto, em versão reelaborada com o título *A lógica do capital-informação*. (N. da E.)]

A fratura brasileira do mundo

mo urbano?[29] Como estamos lidando com um notório protagonista de uma daquelas "viagens para dentro" estilizadas por Edward Said, a saber, a imigração intelectual, em princípio "adversária" ou "irônica", da periferia (semiperiferia mediterrânea, no caso) para o coração do império, a curiosidade não parece descabida.[30]

Antes de qualquer coisa, quem diria, trata-se da expressão de uma *defasagem*, como nos bons tempos do progressismo funcionalista: no caso, estaria na berlinda o descompasso entre o envelhecimento do trabalho rotineiro e o crescimento do dito setor pós-industrial, transição além do mais marcada pelo desmonte da mediação estatal nas relações entre capital e trabalho, e situada, de preferência, nos pontos nodais da geografia econômica, as áreas metropolitanas de maior concentração das atividades ditas intensivas-em-conhecimento. Dualismo refere-se assim, em primeiro lugar, a uma estrutura social altamente estratificada e segmentada, decomposta não só em trabalho valorizado e trabalho degradado, mas também filtrando e expulsando muita gente dessa dinâmica binária. Nessas circunstâncias, a cidade dual também pode ser vista como a expressão urbana de um processo de crescente diferenciação no mundo do trabalho, dividido em dois "setores" básicos: um setor informal, que não se deve confundir com pobreza urbana nem com atividades de mera sobrevivência, e um outro de economia formal, obviamente *information-based*. Duas metades entrelaçadas por um sem-número de relações simbióticas, mas nem por isso reci-

---

[29] Cf. por exemplo Manuel Castells, *The Informational City: Information Technology, Economic Restructuring and Urban Development*, Oxford/Cambridge, Blackwell, 1989, pp. 172-228; J. H. Mollenkopf e M. Castells, *op. cit.*, pp. 399-418.

[30] Edward W. Said, *Cultura e imperialismo*, São Paulo, Companhia das Letras, 1995, p. 306.

procamente excludentes, ainda que funcionalmente articuladas. Do que resulta enfim, como era de se esperar, um contínuo estrangulamento dos níveis intermediários, conformando um sistema cada vez menos aberto à mobilidade ocupacional: no topo *high-tech* dos serviços avançados, uma elite funcional, cuja autossuficiência não implica reclusão, mas circulação desimpedida em incontáveis redes transfronteiras de acumulação de todo tipo de poder social; na base, um outro pacote, o localismo do trabalho desestruturado e, portanto, segmentado numa miríade de arranjos defensivos. De sorte que — sempre na opinião de nosso autor —, essa dualidade estrutural não engendra dois mundos diferentes, longe disso, mas uma variedade de universos sociais, cuja figuração espacial se caracteriza por segregação, diversidade e hierarquia. Algo como uma dualização meritocrática: pois é a segmentação do mercado de trabalho que produz o dualismo social, simplesmente sancionando a capacidade de grupos e indivíduos de ingressar nas avenidas que conduzem às novas fontes de riqueza. No limite, reconhece Castells, em caso de "bloqueio" das "trajetórias tecnológicas", a sociedade informacional pode, de fato, transformar-se numa sociedade realmente dual, sem que haja, no entanto, nenhuma razão para que isso necessariamente venha a ocorrer. Assim, apenas aparentemente a chamada sociedade em rede está se dualizando, pois, bem lá no fundo, o que o trabalho informacional desencadeou mesmo foi um processo mais fundamental de desagregação do trabalho, e é isso que define sua estrutura em rede.[31] Daí o seu dinamismo, arrematando a apologia: a exclusão social é um processo e não uma condição (no que estamos todos de acordo...), sendo assim mutáveis suas fron-

---

[31] Manuel Castells, *The Rise of The Network Society. The Information Age: Economy, Society and Culture*, vol. 1, Oxford, Blackwell, 1996, pp. 273, 279.

A fratura brasileira do mundo

teiras, "os incluídos e os excluídos podem se revezar no processo ao longo do tempo".[32] (Avançando o sinal, veremos mais adiante, se uma tal alternativa, caso exista de fato, não comportaria uma versão "periférica".)

Tudo somado, onde está então a brasilianização da cidade dual americana, versão Castells? Na acepção em que a tomou Michael Lind, exatamente onde a deixamos, é claro que nos seus próprios termos, a saber: segundo nosso doutrinário da Sociedade em Rede, uma das consequências fundamentais da cidade dualizada diz respeito à formação das classes sociais. Aqui a novidade: esta formação só se completaria no polo dominante, a nova classe profissional-gerencial que opera no mesmo âmbito daquela esfera oligárquica identificada por Michael Lind, à qual se contrapõe não uma outra classe subalterna solidamente ancorada na privação, porém a desarticulação social permanente dos estilhaços sociais do mundo desestruturado do trabalho. Seja dito, entre parênteses, que uma tal projeção não deixa de repercutir uma sugestiva hipótese de alguns sociólogos franceses: primeiro, que a burguesia ainda existe sim, e mais, com a plena consciência de constituir um grupo transnacional (seu cosmopolitismo é de nascença), empenhada na perpetuação de dinastias patrimoniais, permanentemente mobilizada por detrás da fachada operacional dos *managers* e investidores institucionais, supostos novos donos do mundo (pelo menos na França, faz-se de tudo para ocultar os interesses vinculados a tal ou qual patronímico à sombra de organogramas abstratos, dando a entender uma espécie de difusão sem limites da propriedade do capital), tudo resumido enfim no culto ostensivo do *"l'entre-soi"*, visível na marca registrada dos *beaux*

[32] Manuel Castells, *The End of Millenium*, Oxford, Blackwell, 1998, p. 73.

quartiers semeados pelos sítios mundiais do consumo conspícuo; segundo, que só essa burguesia, multinacional como os antigos clãs aristocráticos, é uma verdadeira classe social, à qual se filiam em ordem dispersa e subordinada os indivíduos avulsos das camadas intermediárias que se tomam por "sujeitos", quer dizer, empresários de si mesmos, "atores" de sua própria autoconstrução etc.; enfim, rente ao solo, nos meios populares de ontem, a ausência do coletivo, corroído pelo individualismo negativo das desafiliações de massa, na fórmula consagrada de Robert Castel, desgarrando-se do enquadramento das antigas instituições da sociedade salarial.[33]

Pois bem, completando o panorama "brasileiro" involuntário (a propósito: veremos mais à frente que "individualismo negativo" pode muito bem ser com nós mesmos), Castells evoca a certa altura[34] suas reminiscências dos tempos de estudioso da "cidade dependente" na América Latina,[35] para descartar, é claro, qualquer contaminação da mal reconhecida polarização social de hoje nas metrópoles globalizadas pelo equivoco de ontem, o "mito da marginalidade", urbana ou não, nas economias de industrialização tardia do continente sul-americano, recordando o título da súmula com que Janice Perlman, por assim dizer, arrematou o debate. Não custa lembrar que, àquela altura, Castells se alinhava com os adversários da teoria que identificava na massa marginal produzida pela modernização em curso na América Latina um exército industrial de reserva de tal modo excessivo que já se

---

[33] Michel Pinçon e Monique Pinçon-Charlot, *Sociologie de la bourgeoisie*, Paris, La Découverte, 2000.

[34] J. H. Mollenkopf e M. Castells, *Dual City: Restructuring New York*, *op. cit.*, pp. 409-10.

[35] Cf. por exemplo Manuel Castells, *The City and the Grassroots: A Cross-Cultural Theory of Urban Social Movements*, Berkeley/Los Angeles, University of California Press, 1983, pp. 173-212.

A fratura brasileira do mundo

tornara, a rigor, inintegrável, constituindo-se num imenso reservatório de anomia e apatia política: por mais que pudessem ameaçar a ordem estabelecida, eram economicamente irrelevantes. Pelo contrário, como tantos outros, era dos que sustentavam a funcionalidade da "margem", para além é claro do mero rebaixamento do custo da força de trabalho. Mais especificamente, também era de opinião — ainda no final dos anos 1980 — que a dualização que importava era a distinção entre os setores formal e informal da economia, sendo o segundo tão "moderno" quanto o primeiro, além é claro de majoritário. Àquela altura, apoiava-se num Alain Touraine que também não existe mais,[36] para o qual na América Latina daqueles tempos de autoritarismo e industrialização em marcha forçada — sendo o subemprego muito mais que a simples margem do emprego formal — seria o caso de se voltar a falar em dualização, mas não em marginalidade, sobretudo num momento (anos 1980) em que a Europa desempregada parecia estar menos distante da América Latina. Por que não conjecturar livremente? Mais um passo e estaria confirmada, a partir de então, a ideia de que todo sistema social seria hoje comandado por uma lógica dual. Acresce que naqueles primeiros tempos do "ajuste" latino-americano ao padrão geomonetário deflagrado pelo *diktat* político do novo dinheiro mundial (o parâmetro imperial do dólar flexível), em que a integração global subalterna já se fazia acompanhar de uma igual desintegração nacional, na conhecida fórmula de um veterano como Oswaldo Sunkel, voltou-se a falar, no continente, de um "novo dualismo", fosso aberto pelo crescente descompasso entre modernização e modernidade, dessa vez, porém, um déficit inteiramente contemporâneo que estaria nos assemelhando à sociedade de dois terços dos paí-

[36] Alain Touraine, *La Parole et le sang: politique et société en Amérique Latine*, Paris, Odile Jacob, 1988.

ses industrializados — na época, uma hipótese ainda otimista.[37] Tudo isso não obstante, parece claro que aquelas velhas confusões acerca dos integrados e dos *outsiders* parecem se repetir a propósito da redundância social dos chamados excluídos de hoje. Mesmo assim, deu-se de qualquer modo uma reviravolta, como era de se prever. Como aliás pudemos perceber, a globalização segundo Manuel Castells respira o mesmo ar de família das finadas teorias da modernização à cata de patologias superáveis nas sociedades periféricas, daí sua hesitação diante do diagnóstico da dualização. No fundo, acredita numa convergência mundial a caminho e, com o tempo, o espantalho da brasilianização do antigo Primeiro Mundo (outrora uma sociedade relativamente homogênea, pelo menos na Europa, mesmo que pelos breves e excepcionais trinta anos do auge fordista) acabará sendo sugado pelo buraco negro do Quarto Mundo — se é que esse último já não se tornou, por sua vez, eufemismo para "brasilianização" enquanto sinônimo de integração perversa (como se diz) na chamada sociedade da informação. De um modo um tanto convencional, para Castells, além do mais, apenas certas áreas empobrecidas da América Latina estariam condenadas à marginalização reencarnada pelo Quarto Mundo, do confinamento territorial de populações sem valor econômico à predação do próprio povo como política de Estado. No Brasil brasilianizado, todavia, o que está mesmo em curso é uma alternativa que se poderia chamar de africanização de elite.[38]

[37] Norbert Lechner, "A modernidade e a modernização são compatíveis?", *Lua Nova*, n° 21, 1990, pp. 73-86.

[38] "A 'africanização' do Brasil resulta da ocorrência simultânea de quatro processos: desestabilização macroeconômica, desmantelamento do aparelho produtivo nacional, esgarçamento do tecido social, deterioração política e institucional." Reinaldo Gonçalves, "Capital estrangeiro, desnacionalização e política externa", *Praga*, n° 9, 2000, p. 75.

A fratura brasileira do mundo

Dando um balanço numa década de estudos balizados pelo paradigma das cidades mundiais — um paradigma de inequívoca intenção crítica, diga-se de passagem, apto a tornar visível e politicamente abordável o *locus* da inédita polarização cavada pela reconfiguração em curso no alto-comando do sistema capitalista mundial —, um de seus formuladores pioneiros, como, lembrado páginas atrás, John Friedmann, também não deixou de registrar a curva apologética descrita pelo teórico/consultor-fluxo Manuel Castells,[39] o real percurso afinal de sua "viagem para dentro", nos termos estilizados de Said: nos seus primeiros escritos da década, malgrado seu crescente êxtase *high-tech*, a identificação dos "espaços-de-fluxos" desterritorializados, e por isso mesmo de acesso ultrasseletivo aos poucos protagonistas do jogo da acumulação transfronteiras, pelo menos dava a entender, ao sublinhar o crescente *disempowerment* dos barrados na entrada, que um outro mais poderoso dualismo de incorporação/exclusão estava em via de ser perenizado. Porém, a partir da obra coletiva sobre a aparente dualização de Nova York, nosso autor teria inaugurado uma espécie de "desconstrução" (*sic*) da hipótese da sociedade polarizada, atribuindo à clivagem ocupacional, de gênero, raça e etnicidade, a principal fonte da subordinação dos subalternos, celebran-

---

[39] Num acesso de inesperada clarividência, nosso ideólogo do Estado-em-Rede (entre outras amenidades características do admirável mundo novo da globalização), depois de especificar o que faz de um "lugar" um lugar — como o bairro operário de Belleville em Paris, onde residiu como jovem foragido do franquismo e futuro sociólogo althusseriano —, admite que, hoje em dia, quando o revê, o faz na condição de homem-fluxo, membro titular dos circuitos mundiais de riqueza e poder informacional. Cf. *The Rise of the Network Society*, *op. cit.*, p. 423. Fluxo dispondo de um nó estratégico na Califórnia, aliás localização imperial de um curioso ninho tucano de *experts* em "ajustes" ao nosso "*changing world*", com Cadeira Joaquim Nabuco bancada pelas altas finanças e tudo o mais que daí se segue em matéria de livre-pensamento.

do-lhes, enfim, a "diferença".[40] Em suma, a "viagem para dentro" de nosso teórico-fluxo, ao contrário do discurso edificante de Said quanto ao seu caráter adversário, provou ser antes de tudo afirmativa, na rota oposta da multidão de imigrantes pós-coloniais, cuja força de trabalho reterritorializada em casa alheia Saskia Sassen contrapôs às torres do capital corporativo nas cidades imperiais de hoje.[41] Dito isso, seria preciso acrescentar, não sem tempo, que a Cidade Global de Saskia Sassen, dualizada ou brasilianizada, não é apenas, e nem de longe, uma narrativa complacente e compassiva de exclusão. Pelo contrário, os "outros" territorializados pelo novo regime urbano não só não são trivialmente dispensáveis — como demonstra uma recente mobilização nacional dos "*janitors*"[42] e demais "serviçais" do capitalismo corporativo *place bounded*, queira ou não queira —, como estão transformando a cidade dualizada num território contestado. Portanto, narrativa de um confronto balizada pela revelação — à contracorrente da retórica dos fluxos ilocalizáveis — de uma outra centralidade do lugar e da produção, seja essa última representada pelos trabalhadores de uma zona especial de exportação ou simples faxineiras e secretárias em Wall Street.

[40] John Friedmann, "Where We Stand: A Decade of World City Research", em P. L. Knox e P. J. Taylor (orgs.), *World Cities in a World-System*, *op. cit.*, p. 33.

[41] Saskia Sassen, *Globalization and its Discontents*, Nova York, New Press, 1998, pp. xxx-xxxi. Pós-colonial evidentemente numa outra acepção de imigração, pelo alto no caso. Como Arif Dirlik gosta de observar, uma outra maneira de embandeirar a chegada glamorizada dos intelectuais da Periferia ao mundo acadêmico do Centro. Cf. Arif Dirlik, *The Postcolonial Aura*, Boulder, Westview Press, 1997.

[42] Veja-se a matéria editorial sobre a greve de zeladores, porteiros, faxineiras etc., em abril de 2000 nos Estados Unidos, em *International Socialist Review*, nº 72, jun.-jul. 2000. E também o filme *Pão e rosas* (2000),

A fratura brasileira do mundo

Antes de passar adiante nesta cartografia brasilianizada da polarização mundial em ascensão, não seria demais recordar que uma tal ressurreição do fantasma da cidade dualizada pode muito bem lastrear providências pró-sistêmicas. Daí algumas reticências. Por exemplo:

> Cabe perguntar se a característica mais específica dessas cidades não seria tanto a dualização extrema e sim o extremo contraste social e sua extrema visibilidade, por causa da presença da riqueza extrema e da forte midiatização desses espaços. Essa intensidade do contraste, sentida pelos moradores, seria também a fonte das tensões sociais e da escalada da violência que é costume associar-se à dualização. Em compensação, em termos absolutos, a polarização mais forte não seria necessariamente aquela observada nessas cidades, mas seu núcleo dominante estaria em oposição aos segmentos dominados da economia, aos lugares de exclusão, aos lugares onde o lucro nasce da desestruturação.[43]

de Ken Loach, certamente um filme bem diferente quando revisto à luz desses baixos circuitos do capital por detrás das funções de comando.

[43] Edmond Préteceille, "Cidades globais e segmentação social", em Luis César de Queiróz Ribeiro e Orlando Alves dos Santos Junior (orgs.), *Globalização, fragmentação e reforma urbana*, Rio de Janeiro, Civilização Brasileira, 1994, p. 86. Numa intervenção mais recente, o mesmo Préteceille volta a insistir com dados novos que a metrópole parisiense não se encaixa inteiramente no modelo da cidade global, com duas velocidades, polarizada entre um novo proletariado, cada vez mais desqualificado, e o topo dos serviços avançados prestados aos centros empresariais de comando das cadeias produtivas mundiais. Cf. "Divisão social e desigualdade: transformações recentes na metrópole parisiense", em Luis César de Queiróz Ribeiro (org.), *O futuro das metrópoles*, Rio de Janeiro, Revan, 2000.

Noutras palavras: embora a tendência seja mesmo a escalada no aprofundamento dos extremos, acelerando inclusive a laminagem do já *declining middle*, subsiste um apelo, implícito na imagem da cidade dual, à espetacularização da coesão social ameaçada. Nesse mesmo passo, uma boa mídia se encarregará — como é da natureza do veículo — de despolitizar a desigualdade, agora sim assustadora. Numa cidade convenientemente repartida entre bárbaros e civilizados, as divisões acabam se resumindo a oposições anódinas entre violência e convivência, solidariedade e egoísmo etc. Nesse caso, a ênfase dual dramatiza uma certa sensação difusa de crise, que propiciará então uma intervenção estratégica na gestão da cidade — no caso, uma gestão de tipo empresarial, destinada a substituir a imagem problema de uma cidade dualizada pela imagem competitiva de uma cidade reunificada em torno dos negócios da máquina urbana de crescimento.[44] É nesse momento de virada e exorcismo da dualização que nosso autor-fluxo se converte em *expert*-consultor.[45] Apelando, entre outras panaceias antidualistas, e portanto geradoras de consensos óbvios (quem não é pela paz ou pela civilidade?), para um certo sexto sentido cívico de-

[44] Para uma crítica da fraseologia dualista da "cidade partida", cf. Luis César de Queiróz Ribeiro, "Cidade desigual ou cidade partida?", em L. C. de Q. Ribeiro (org.), *O futuro das metrópoles*, *op. cit.*, pp. 63-4. Para uma crítica mais abrangente do novo modelo de gestão urbana denominado genericamente "planejamento estratégico", cf. Otília B. F. Arantes, Carlos Vainer e Ermínia Maricato, *A cidade do pensamento único: desmanchando consensos* (Petrópolis, Vozes, 2000), cujo argumento estou resumindo. A noção "máquina urbana de crescimento", retomada por Otília Arantes, remonta aos escritos pioneiros de Harvey Molotch, cf. *A cidade do pensamento único*, *op. cit.*, pp. 25 ss.

[45] Jordi Borja e Manuel Castells, *Local y global: la gestión de las ciudades en la Era de la Información* (Madri, Taurus, 1997), obra da qual um capítulo, "As cidades como atores políticos", foi publicado em *Novos Estudos CEBRAP*, nº 45, 1996.

A fratura brasileira do mundo

nominado "patriotismo de cidade". Convenhamos que a providência é astuciosa, sobretudo quando se trata de vender pacotes a municipalidades aspirantes a algum enclave de cidade global.[46] Como vimos, é justamente no território contestado destas últimas — as reais, é claro — que uma crescente e degradada força de trabalho, além do mais feminizada e etnicizada, vem acossando seus patrões globais numa arena para além de qualquer referência a uma comunidade nacional ou coisa que o valha, *et pour cause*. O marketing de um sucedâneo de "pátria" faz então todo o sentido, bem como a alegação esperta de que a globalização — se facilitar — dualiza as cidades, cada vez mais parecidas com as "cidades partidas" brasileiras.

Fraturas francesas

Há meio século, não foi pequena a contribuição francesa para a consolidação e difusão de uma outra grande narrativa fundadora de uma nacionalidade periférica como a brasileira. Exatamente algo como a intuição recorrente de uma "dualidade básica" — para falar como Ignácio Rangel — cujas metamorfoses de época exprimiriam a lógica mais recôndita de nossa matéria social específica. De resto, nada que um brasileiro, de preferência letrado, não soubesse muito bem, mesmo nas formulações mais arrevesadas. Só para constar, recorde-se que sempre nos sentimos uma "imundície de contrastes", como dizia Mário de Andrade. Uma sensação a um tempo coletiva e de classe. Sobretudo de classe. Só à elite pensante e governante cabia o privilégio do ser-dividido entre duas fidelidades, ao pequeno mundo das segregações coloniais e ao grande mundo das metrópoles sucessivas do

[46] Como explicam os autores de *A cidade do pensamento único*.

Império de turno, alternância ora formalizada e filtrada pelo juízo crítico, ora congelada nas fixações ideológicas da consciência amena do "atraso", hoje rediviva, esta última, com a cultura do contentamento gerada pela marola cosmopolita da globalização.

Assim, a propósito do envelhecimento precoce das cidades brasileiras, Lévi-Strauss foi dos primeiros a bater na tecla de nossa constituição dúplice. Aliás, revelando meio sem querer aos brasileiros que essa caducidade de nascença corroendo nossos surtos modernizantes — como era de se esperar de um país de veleitários — contrariava a certeza mítica do encontro providencial com o Progresso, reforçando em consequência o avesso não menos mitológico de tal certeza, a saber, que essa defasagem perene estava por seu turno na raiz da frustração permanente daquela visão do País do Futuro. Mais adiante, foi a vez de Lucien Febvre felicitar-se por ainda poder assistir no Brasil ao espetáculo original oferecido pela superposição ao vivo de diversas idades históricas num só país. A seguir, Roger Bastide nos definiu por um contraste, por assim dizer, atávico, sublinhando ora a crispação dos elementos antagônicos, ora, à maneira de Gilberto Freyre, a harmonização ou atenuação dos contrários. Mas foi sem dúvida Jacques Lambert quem cunhou o clichê mais duradouro acerca da singularidade de nossa civilização, o cromo dos *dois brasis* justapostos, a nação dividida em duas partes isoladas por um abismo de séculos, o país urbano numa metade, na outra, ainda em vigor, os avatares da Colônia.[47] Tudo isso observado e dito por comparação óbvia com a relativa homogeneidade social de uma nação europeia, cuja organicidade por seu turno nos servia de norma crítica e modelo a

---

[47] Paulo Eduardo Arantes, *Sentimento da dialética na experiência intelectual brasileira: dialética e dualidade segundo Antonio Candido e Roberto Schwarz*, São Paulo, Paz e Terra, 1992, p. 24.

A fratura brasileira do mundo

ser alcançado. Foi assim inclusive durante todo o ciclo que a seguir se desenrolou acompanhado por uma consciência dramática do subdesenvolvimento, nos termos da periodização adotada por Antonio Candido: a superação daquela dissociação intolerável entre os *happy few*, incorporados às modernas formas de produzir e consumir, e a grande massa das populações relegadas, também foi entrevista no horizonte de uma homogeneização social à europeia, movida a difusão do progresso técnico e pressão dos assalariados para aumentar sua participação no incremento do produto. Dizer que a coesão social resultante dessa dinâmica distributiva do finado ciclo fordista nos países centrais se encontra seriamente ameaçada é dizer pouco. O tempo dirá se terá sido uma demasia desarquivar a imagem assustadora da sociedade dual dos subdesenvolvidos, novamente na berlinda a propósito desses novos "tempos da exclusão", como se diz a torto e a direito no debate francês.

Não saberia dizer se o neologismo *brésilianisation* chegou a ser empregado alguma vez quando a opinião francesa se deu conta de que, mesmo num dos países mais prósperos da Europa, a nova riqueza estava produzindo novos pobres em proporções nunca vistas, bem como regiões industriais sinistradas, zonas rurais desertificadas, subúrbios transformados em guetos etc. Como também se começou a falar de um Quarto Mundo de marginalizados, podemos supor que só faltaria o acréscimo de mais uma palavra emblemática no vocabulário da exclusão — por enquanto sem aspas. No entanto, chegou-se bem próximo, porém em termos continentais: malgrado as óbvias diferenças estruturais entre a pobreza urbana latino-americana, velha de meio século, e a recente experiência francesa da precarização social, não faltou quem começasse a reparar que não era inteiramente arbitrária a transposição europeia de conceitos forjados há trinta anos por especialistas franceses em América Latina, convergindo inclusive — crítica a menos — discursos e políticas correspondentes: "tendência sistemática à dualização do mundo social, oscilação entre populismo e miserabilismo, tentação das interpretações psicossociais que culpabilizam as vítimas".[48] O fato é que, há mais ou menos uma década, a percepção francesa da "exclusão" e sua repartição entre o "dentro" e o "fora" começou a se ver espelhada na polarização entre o "alto" e o "baixo" da nova *underclass* americana e na dualidade centro/periferia da velha marginalidade latino-americana.[49] Ou melhor, na exata medida em que a "outra nação" americana descartável assumia traços inconfundíveis de terceiro-mundização, com a multiplicação de pequenos *métiers* subproletários, reaparição das *sweatshops*, trabalho em domicílio ou pago por peça, floração de todo um leque de novos ilegalismos e traficâncias etc.[50] Seria o caso de dizer que se deu por tabela a brasilianização dessa percepção francesa das formas contemporâneas da miséria social sobre fundo da nova desgraça econômica, na esteira de um outro grande lugar-comum: como sugerido, o termo de comparação americano para qualificar a atual escalada das desigualdades, notadamente urbanas e concentradas nos bairros deserdados das grandes cidades. E, tal como o similar americano — não custa repisar —, a réplica francesa também se assemelharia na mesma relegação *tiers-mondisée*. Revistas as coisas por esse ângulo, o atual mal-estar francês na civilização também se cristalizaria antes de tudo numa nova questão urbana de corte inédito, caracterizado justamente por uma decupagem binária da sociedade: cada vez mais a cidade deixaria de ser

[48] Didier Fassin, "*Marginalidad* et *marginados*", em Serge Paugam (org.), *L'Exclusion: l'état des savoirs*, Paris, La Découverte, 1996, p. 270.

[49] *Idem, ibidem*, p. 263.

[50] Loïc Wacquant, "De l'Amérique comme utopie à l'envers", em Pierre Bourdieu (org.), *La Misère du monde*, Paris, Seuil, 1993, pp. 175-6.

A fratura brasileira do mundo

o quadro material da sociedade para sediar um tipo de organização espacial que exponencia a dessolidarização social em curso, a secessão americana definidora da ressurgência contemporânea da questão social.[51] Em suma, a certa altura começou a tornar-se corrente o emprego da expressão "*société duale*", com pleno conhecimento de causa quanto à origem americana desse barbarismo em *franglais*, para assinalar a fratura social que se tornara o traço dominante, por exemplo, do mundo francês do trabalho, rachado de alto a baixo entre um núcleo integrado de trabalhadores politécnicos e a massa marginalizada dos precários, condenados inclusive a brigar pelo triste privilégio de vender serviços pessoais aos titulares de rendimentos estáveis.[52] Fundindo os dois registros — a polarização urbana e a bipartição do assalariamento —, dois autores do Québec (quem diria) apelam significativamente para a noção de "*banlieu du travail salarié*" para situar mais vivamente na imaginação o processo de dualização das sociedades centrais, no caso, outra vez, de um lado o núcleo estável de uma nova elite de assalariados, do outro, uma ampla faixa precarizada de mão de obra supletiva.[53] A analogia americana apresenta obviamente limites.[54] Mesmo

[51] Jacques Donzelot, "La nouvelle question urbaine", *Esprit*, nov. 1999.

[52] André Gorz, *Métamorphoses du travail: critique de la raison économique*, Paris, Galilée, 1991, pp. 86, 94.

[53] Paul Greil e Anne Wery, *Héros obscurs de la précarité: des sans-travail se racontent, des sociologues analysent*, Paris, L'Harmattan, 1993.

[54] Por exemplo, como os apontados por Loïc Wacquant no artigo citado. No caso do paradigma dual das cidades globais, já nos referimos às reticências de Edmond Préteceille, reiteradas, como se viu, noutro artigo sobre uma Paris que se encaixa mal no modelo de Saskia Sassen (E. Préteceille, "Inegalités, division sociale e ségrégations: les transformations recentes de la métropole parisienne", em Gilles Duhem, Boris Grésillon e Dorothée Kohler [orgs.], *Paris-Berlin*, Paris, Anthropos, 2000). Ver ainda,

assim, descontados os clichês alarmistas e estigmatizantes embutidos na síndrome americana,[55] não é pequena a pertinência do paralelismo, a começar, é claro, pela inegável radicalização de certos processos de dualização, ostensivos em certos subúrbios franceses que nada diferem da deriva recente das *inner cities* americanas.[56] De qualquer modo, americanização e alguma variante da alegação periférica passaram a andar juntas, para bem e para mal, no mesmo vocabulário de denúncia — à esquerda e à direita — da falha geológica que vai trabalhando a sociedade francesa. Não por acaso, a única menção explícita ao Brasil de que tenho notícia comparece, devidamente acompanhada de seu par americano, num estudo de caso de amotinamento suburbano, deixando então para trás de si a sensação de que a via está de fato livre não só para a *tiers-mondisation* dos bairros pobres, mas que largas porções do território estão sendo envolvidas passo a

Marie-Christine Jaillet, "Peut-on parlez de sécession urbaine à propos des villes européennes?" (*Esprit*, nov. 1999), que não obstante conclui o artigo por uma análise da muito real tentação da dessolidarização que ronda a próspera Toulouse na corrida para integrar o pelotão das "cidades que ganham". No mesmo número de *Esprit* (cf. "Vers une troisiéme solidarité"), os urbanistas François Ascher e Francis Godard ainda são de opinião que a secessão urbana, à maneira de Los Angeles, Caracas ou *"telle ville brésilienne"*, está longe de anunciar o futuro próximo das cidades francesas.

[55] Para uma breve análise de ideias feitas do tipo "os motins urbanos ameaçam a coesão social", ver, por exemplo, Bruno Hérault, "Peurs sur la ville", em *La Pensée confisquée: quinze idées reçues qui bloquent le débat public*, obra coletiva do Club Merleau-Ponty (Paris, La Découverte, 1997).

[56] Como aliás admite o próprio Wacquant num artigo de há pouco. E mais — meia dúzia de anos depois, confirmando numa direção surpreendente a radicalização de tais processos de dualização —, que é próprio de um mercado de trabalho cada vez mais "dual", a regulação da precarização social decorrente pela progressiva substituição do Estado Social pelo Estado Penal ampliado. Cf. Loïc Wacquant, *Les Prisons de la misère*, Paris, Raisons d'Agir, 1999.

passo numa "espiral de subdesenvolvimento": "au pire le Brésil; au mieux l'*inner city* des villes américaines. Nous voilà bien loin des ambitions européennes".[57]

Em julho de 2000, o boletim de conjuntura do INSEE anunciava que a máquina econômica francesa rodava "*à plein regime*". De fato, a França crescia pelo terceiro ano consecutivo, enquanto a curva do desemprego continuava descendente, passando de 12,5% para 9,1% durante o período. Mas nem por isso o presidente Jacques Chirac recolheu o seu antigo bordão de campanha eleitoral. Contrariando o senso comum econômico (quem haveria de dizer...), Chirac lembrou mais uma vez que a famigerada *fracture sociale* — segundo consta, "conceito" lançado em 1995 pelo antropólogo Emmanuel Todd e pelo economista Henri Guaino —, pelo contrário, recrudescera nos últimos dois anos, acrescentando até uma pitada de paradoxo latino-americano: o retorno do crescimento econômico não aumenta automaticamente o poder aquisitivo da população. A chave do mistério é simples: franceses! Ainda um esforço para aprofundar as "reformas"![58] Contraprova? Para variar, o furta-cor Alain Touraine — que ora confraterniza com o subcomandante

---

[57] "No pior dos casos, o Brasil. No melhor, as *inner cities* das cidades americanas. Eis que nos encontramos bem longe das ambições europeias." Christian Bachmann e Nicole Le Guennec, *Autopsie d'une émeute: histoire exemplaire d'un quartier nord de Melun*, Paris, Albin Michel, 1997, p. 212.

[58] Bem entendido, "reformas" numa acepção inédita do termo. Como ficou claro na greve da função pública francesa de dezembro de 1995, e já era uma evidência escarninha no Brasil desde 1º de janeiro do mesmo ano, "o conceito de reforma social deixou de ser progressista e foi adotado pelos conservadores; deixou de significar incremento social e passou a indicar o regresso ao capitalismo brutalizado de Manchester no século XIX. Após transformar o conceito de reforma social em seu contrário e preenchê-lo com conteúdos antissociais, o governo [francês] passou a criticar os sindicatos com um cinismo inaudito, taxando-os de 'incapazes pa-

Marcos, ora sacramenta o Brasil privatista de seu ex-colega Cardoso de Paris X —, mesmo congratulando-se pelo incremento da autoconfiança dos franceses tampouco deixou de aproveitar a deixa para martelar na velha tecla conservadora das "reformas", como *l'audace* nos bons tempos de Juppé.[59] Digamos todavia que um tal lance de retórica eleitoral requentada não deixou de ser comandado por uma espécie de má consciência sociológica. Peripécia involuntária corroborada àquela altura por vários políticos de outros partidos, a saber: que o problema ainda é, ontem como hoje, o da exclusão "dura", a dos que continuarão de fora, uma vez que as empresas recrutarão apenas os mais "empregáveis", sem falar no fato de que a retomada pode endurecer ainda mais a sociedade etc.[60] Dito e feito: naquela mesma época, os conflitos trabalhistas voltavam a se radicalizar de uma maneira inesperada. Além das ocupações, ameaças de converter as usinas paralisadas em bombas-relógio ecológicas, quando não de simplesmente mandar tudo pelos ares. É verdade que, na maioria desses casos, trata-se de setores condenados, mas, na hora da retomada do crescimento, esses assalariados jubilados parecem não mostrar mais a menor disposição, como dizem os próprios interessados, *"d'être les laissés-pour-compte de la reprise"*, além do mais embrulhados por um enésimo plano social de "refundação" de qualquer coisa. É nesse ponto — como veremos logo mais — que o Brasil *redualizado* de hoje faz a diferença, e a brasilianização do mundo começa a mudar de sinal, credor de um legado histórico de fazer inveja aos dirigentes europeus mais ou menos constrangidos por

ra a reforma'". Robert Kurz, *Os últimos combates*, Coleção Zero à Esquerda, Petrópolis, Vozes, 1997, p. 282.

[59] Entrevista de Alain Touraine à *Folha de S. Paulo*, 9/7/2000, p. A-18.

[60] *Le Monde*, 1/8/2000.

algumas gerações de Contrato Social: assim, num país de dualização originária, o próprio Presidente da República pode anunciar impunemente que muitos milhões de seus compatriotas de baixa ou nula empregabilidade serão devidamente rifados pela reengenharia social em curso, sendo além do mais saudado pelo distinto público pela audácia da isenção sociológica com que lida com os fatos da vida nacional.

Um ou dois dualismos? Afinal é disso mesmo que se tratará mais à frente. Ou, desde já, na visão mais convencional dos franceses alarmados, porém fazendo as devidas distinções: nas palavras de Claude Julien, "o mesmo sistema desenvolve, ao Norte, um dualismo que se quer 'civilizado' e, no Sul, um dualismo cujo caráter selvagem ninguém mais tenta dissimular".[61] Sendo a globalização seletiva — e isso quase por definição, a despeito do mito da convergência das pretéritas economias nacionais devidamente mundializadas —, produz desconexões drásticas tanto na base como no topo da hierarquia mundial: em princípio, a "fratura" no Centro e na Periferia não evoluiriam no mesmo diapasão. Ocorre que a tal brasilianização do mundo, como estão nos dizendo e nos interessa testar, indica justamente a contaminação da polarização civilizada em andamento no núcleo orgânico do sistema pelo comportamento selvagem dos novos bárbaros das suas periferias internas, que se alastram propagando a incivilidade dos subdesenvolvidos, de forma que a grande fratura passa a ser vista também como a que separa os que são capazes e os que não são capazes de policiar suas próprias pulsões, como transparece, por exemplo, na retórica securitária do manifesto "Républicains, n'ayons plus peur!", divulgado em setembro de 1998 por Régis Debray e seus companheiros da esquerda *musclée*. Não tenhamos mais me-

---

[61] "Ces elites qui régnent sur des masses de chômeurs", *Le Monde Diplomatique*, abr. 1993, p. 9.

do, no caso, de compensar o encolhimento econômico e social do Estado pela sua expansão em matéria policial e penal: ao seu modo, a tal fratura social também exige "tolerância zero", nenhuma vidraça quebrada etc.[62] De sintoma confusamente diagnosticado, a fraseologia da fratura (social, urbana ou o que for) pode, num relance bascular, engordar o arsenal ameaçador dos riscos a pedirem providências de gestão que nem sempre se distingue de um estado de sítio que vai madrugando com a ordem imperial que se avizinha.

Dito isso, é sempre bom recordar — retomando o nosso fio — que o famigerado discurso da fratura social, dividindo as populações afetadas em dois pacotes, foi propagado com enorme sucesso por Jacques Chirac durante a campanha presidencial. Sua alma, sua palma: uma boa cartografia das fraturas francesas — como a estabelecida recentemente por um geógrafo independente[63] — confirma, com efeito, para além, muito além da visão caricata dos subúrbios difíceis, devorados pela anomia, o advento de uma sociedade antagônica cujas linhas de ruptura vão se alastrando no mesmo ritmo da metropolização e do correspondente estilhaçamento do território e das economias nele ancoradas, lógicas de separação social, cultural e territorial, que vão apagando a imagem republicana tradicional da nação integradora, que vão enfim naturalizando o princípio regulador da desigualdade, desta vez *sans phrase*. Com efeito. Centrada na retórica altamente duvidosa — para dizer o menos — da exclusão, que por seu

[62] Veja-se o comentário dessa lamentável derrapagem em L. Wacquant, *Les Prisons de la misère*, *op. cit.*, pp. 125-31. Pelo sim, pelo não, observo que o autor, justamente alarmado diante da expansão galopante desse novo senso comum punitivo, nem por isso deixa de lembrar que não se deve caluniar *in abstracto* a polícia e seus congêneres.

[63] Christophe Guilluy, *Atlas des fractures françaises: les fractures françaises dans la recomposition sociale et territoriale*, Paris, L'Harmattan, 2000.

A fratura brasileira do mundo

turno vinha alimentando há pelo menos uma década uma nova literatura sobre o retorno da Questão Social com o fim da Era do Crescimento, o discurso da fratura social apresentava de saída a inestimável vantagem de dissolver no grande dilaceramento do mundo o risco desagradável de entrever na imagem do país repartido entre incluídos e excluídos a expressão muito evidente de uma política de produção sistemática de desigualdades, de outro modo intoleráveis e degradantes. Nada mais razoável e até mesmo realista, portanto, do que concentrar o foco da fratura — como o nome aliás sugere — unicamente na... exclusão.[64] Mas tampouco é suficiente descortinar o amplo panorama contemporâneo das desigualdades, sobretudo quando se alega a novidade delas, como ocorre no campo do reformismo modernista.

O que significa dizer afinal que estamos ingressando numa nova era de desigualdades? Na melhor tradição apologética, que a sociedade tem sempre razão, ainda mais num momento dito de "reafirmação democrática" (*sic*) como o atual, quando está ficando cada vez mais difícil estabelecer a fronteira entre as novas desigualdades e a mudança social propriamente dita, e seus efeitos desestabilizadores sobre indivíduos afetados por uma gigantesca redistribuição de cartas...[65] Trata-se, no fundo, de uma mutação antropológica, na origem de um inédito individualismo de massa, e o que mais a nova língua sociológico-gerencial puder recodificar. Como a ideia edificante de "inserção" — caso fosse possível a alguém permanecer "fora" da sociedade, pois nem mesmo os mortos

[64] O resultado do segundo torno que elegeu Chirac confirmou a justeza dessa estratégia, conclui o mesmo Claude Julien, em cujo comentário estou me apoiando. Cf. "Briève radiographie d'une fracture sociale", *Le Monde Diplomatique*, jun. 1995.

[65] Jean-Paul Fitoussi e Pierre Rosanvallon, *Le Nouvel âge des inegalités*, Paris, Seuil, 1996.

conseguem. Pela enésima vez: o desempregado não foi "excluído" do mercado, simplesmente não encontra mais quem lhe compre a força de trabalho, assim como o pobre é um consumidor como outro qualquer, só que insolvável — numa palavra, o mercado é uma formação social que não admite nenhum "exterior".[66] Só para conferir: não por acaso as políticas ditas na França "de inserção" têm a mesma idade ideológica dos primeiros tempos de consagração da iniciativa empresarial enquanto fonte perene de inovação e riqueza. Convenhamos que não deixa de ter sua graça a aclimatação francesa da cultura americana de negócios justamente ao longo do período Mitterrand, um certo economicismo de esquerda glamoroso, resservido com um desconto especial ao público brasileiro desde julho de 1994.

Mas voltemos ao caráter afirmativo dessa constelação binária exclusão/inserção. E à bem conhecida aversão de Robert Castel à noção de exclusão. A seu ver, importa muito mais destacar o papel estratégico das zonas intermediárias de vulnerabilidade que precedem o desligamento e, mais acima ainda, o epicentro das ondas de choque responsáveis pelo refugo de uma parte crescente da população pois, ao contrário do que imagina o senso comum globalista, não há uma falha absoluta separando as "classes confortáveis" das subclasses dos indivíduos redundantes e banalizados, porém são justamente os *in* que geram os *out*: nunca o Centro foi tão onipresente no conjunto da sociedade. Novamente, ninguém está "fora".[67] Tudo se passa, em suma, como se um processo de

[66] Étienne Balibar, *Les Frontières de la démocratie*, Paris, La Découverte, 1991, p. 202.

[67] Robert Castel, *Les Métamorphoses de la question sociale: une cronique du salariat*, Paris, Fayard, 1995 (ed. bras.: *As metamorfoses da questão social*, Coleção Zero à Esquerda, Vozes, Petrópolis, 1998). Ver ainda entrevista do autor concedida a François Ewald, em *Le Magazine Littérai-*

dualização real engendrasse uma falsa representação de uma ordem social dual consolidada: assim, num registro, percepção dramática de uma sociedade cada vez mais estilhaçada; noutro, a visão dual-funcionalista de uma economia avançando em marcha forçada bem à frente de uma sociedade de retardatários, como se diz nos documentos oficiais, sendo que os modernizadores de plantão estão aí para isso mesmo.

Não há brasileiro que não tenha visto esse filme, e para cuja edificação não será desinteressante relembrar os termos familiares nos quais Alain Touraine — para variar — recodificou a nova apologética da fratura social. Mais uma vez: a ruptura de época que estaríamos em princípio vivendo nada mais seria do que o rito de passagem de uma sociedade vertical de exploração econômica para uma sociedade individual de exclusão, na qual o decisivo não é mais pertencer ou não aos estratos superiores ou inferiores, mas sim estar no centro ou na margem, de sorte que quem está fora viveria numa espécie de vazio social forçando a entrada no mundo dos integrados.[68] O que resta de antagonismo numa sociedade de atores individuais a um tempo fraturada e, por assim dizer, interacionista, é uma luta por reconhecimento, nem que seja por meio do confronto direto proporcionado por um motim, e não obviamente por transformação; *numa palavra, integração ao invés de emancipação*. Será preciso acrescentar? Nesse quadro de fracionamento horizontal, o núcleo dos incluídos representa o pacote "moderno" da sociedade que,

re, n° 334, 1995. Relembro que também para Castel o paradigma de uma sociedade dual é sem dúvida americano, com a ressalva de praxe segundo a qual a França ainda não chegou lá.

[68] Alain Touraine, "Face à l'exclusion", em *Citoyennité et urbanité*, Paris, Éditions Esprit, 1991, *apud* Joël Roman, *La Démocratie des individus*, Paris, Calmann-Lévy, 1998, pp. 19-20. Mais recentemente, entre outros escritos do mesmo Touraine, *Pourrons-nous vivre ensemble?*, Paris, Fayard, 1997.

além do mais — aqui a boa notícia —, funciona muito bem obrigado e de costas para a massa sobrante dos inadaptados, sem precisar explorá-los, nem mesmo coagi-los. Nessa indiferença, infelizmente, a principal fonte da violência e incivilidades. Posso estar enganado, mas creio que o golpe de misericórdia nessa periodização celebratória — era uma vez uma sociedade de classes baseada na exploração econômica, à qual sucedeu uma sociedade de indivíduos movida pelo entra e sai meritocrático nas redes de afluência — foi dada afinal, pelo menos no âmbito do correspondente debate francês, por Luc Boltanski e Ève Chiapello, ao reintroduzirem nos seus próprios termos, quer dizer, na linguagem mesmo da sociedade em rede, para a qual só a exclusão faz sentido e justamente como "desconexão", a noção crítica de *exploração* para além do vínculo clássico do assalariamento. Para tanto, trataram de levar a sério a noção afirmativa de exclusão, a ponto de convertê-la no seu contrário, a saber, uma forma de exploração que se desenvolve num mundo conexionista, mas agora um mundo em que a realização do lucro passa pela conexão em rede das atividades.[69] Dito isso, assim de passagem, pois interessa ressaltar desde agora — e do ponto de vista da Periferia, uma vez que está na berlinda uma certa fratura brasileira do mundo, apresentado por sua vez como uma Rede de redes e localizações —, entre tantas categorizações novas, a existência bem tangível de mecanismos de extração de mais-valia "em rede",[70] como, por exemplo, relações econômicas fundadas em "diferenciais de mobilidade", aliás, a cifra mesmo da estratificação da economia mundial, para ir direto ao ponto, sobre o qual por certo voltaremos.

[69] As "rendas informacionais" de que fala, por exemplo, Marcos Dantas no trabalho mencionado. Entre outros "valores" reapropriados pelo atual sistema de *enclosures* da riqueza "imaterial" gerada socialmente.

[70] Cf. Serge Paugam (org.), *L'Exclusion: l'état des savoirs*, *op. cit.*

A fratura brasileira do mundo

Como disse, essa *dualidade unidimensional* é bem conhecida ao sul do equador, onde foi aplicada como um compasso a uma outra fratura (agora sem aspas) mais originária, a rigor "colonial", compasso destinado a medir o que nos faltava e nos mantinha à distância da modernidade, na qual devíamos nos integrar, já que patinávamos no desvio, numa espécie de limbo civilizacional, como os "excluídos" de hoje. Não é que não fosse esse o caso. Ontem como hoje, o problema é que quem pede para entrar normalmente não critica nem olha preço, para variar pago por uma nova categoria de "excluídos" da modernização, recomeçando o ciclo do subdesenvolvimento, para falar com um pouco mais de precisão, além de nos devolver ao nosso ângulo de ataque, o ponto de vista das periferias reenquadradas pelas novas disciplinas do capital vitorioso.

Comentando o sucesso crescente da noção *passe-partout* de exclusão — consensualmente empregada à esquerda e à direita — Serge Paugam relembra — e não custa repisar — que o debate francês nos anos 1970 girava basicamente em torno das relações de dominação e sua reprodução, cuidando muito excepcionalmente dos marginalizados pela modernização ou esquecidos pelo progresso.[71] Não que elas tenham desaparecido, deram inclusive um enorme passo adiante, multiplicando processos inéditos e dramáticos de ruptura. Para além do conflito clássico de interesses entre grupos sociais antagônicos — e que por isso mesmo se reconhecem como tais —, a atual explosão de desigualdades, em uma sociedade até então razoavelmente integrada, seria na verdade a expressão de um colapso do próprio *vínculo social* — outra expressão consagrada para representar a coesão social ameaçada pela generalização das ditas fraturas, cujo grau de comprometimento estaria assumindo proporções brasileiras

[71] *Idem, ibidem.*

irreversíveis, a acompanhar o atual repertório francês da precarização. Acresce que a exclusão assim entendida já não carrega consigo nenhum princípio de recomposição da sociedade — como nos bons tempos da luta de classes e seu horizonte de superações definitivas. Daí a escalada exponencial da *violência*, para citar outro tema dileto do atual reformismo conservador e ao qual com certeza voltaremos, pois força bruta é com nós mesmos, sem falar em nosso espantoso acervo de incivilidades. E o respectivo diagnóstico de ajuste: a violência seria uma das variantes da doença senil de uma sociedade industrial em declínio e de instituições republicanas em estado falimentar.[72] Novamente, disfunção patogênica por motivo de mudança social acelerada, menos uma crise do que a inauguração turbulenta de um outro paradigma civilizacional, acompanhada de falência múltipla dos enquadramentos formadores das antigas solidariedades, família, escola, empresa, sindicato etc. Nessas circunstâncias, seria mesmo de se esperar uma reformulação "violenta" dos modos de se "fazer sociedade" — enfim, uma tese funcionalista clássica reciclada agora numa outra ambiência de "gestão" do social enquanto fratura exposta.

Uma ambiência de reengenharia de riscos e inseguranças que se poderia chamar então de *pós-nacional*, se é verdade que Nação e Questão Social sempre andaram juntas, datando a "invenção do social"[73] de um arranjo original de regulações e proteções desmercadorizadas, e a invenção política da nação consistindo na formação de uma sociedade institu-

---

[72] Michel Wieviorka, *Violence en France*, Paris, Seuil, 1999.

[73] Título de um livro de Jacques Donzelot (Paris, Fayard, 1984). Para um comentário da periodização proposta pelo autor — o Estado Social, destinado a contornar o conflito secular entre patrimônio e trabalho, de sorte que a segurança e o direito não dependessem mais exclusivamente da propriedade, teria começado a nascer depois do traumatismo de 1848 —, ver R. Castel, *op. cit.*, pp. 269-75.

cionalmente capacitada para existir como um conjunto ligado por relações de interdependência.[74] Mas se é assim, a implosão do Estado Social e a consequente invalidação do vínculo social que ele descontratualizara — nem tudo é contratual num contrato, a começar pela compra e venda da força de trabalho — deixa ver retrospectivamente que, de fato, só há sociedade de "semelhantes", como queria Durkheim,[75] e que uma sociedade de semelhantes só pode ser nacional, na acepção republicana que se está dando ao termo, de outro modo ambíguo até a raiz do cabelo. A fratura que dualiza é justamente essa dissolução de uma sociedade de *semblables*", a rigor a negação da ideia mesma de sociedade, que já

[74] R. Castel, *op. cit.*, pp. 18-9.

[75] Ainda R. Castel (*op. cit.*, pp. 277-8): que realça a afinidade da concepção "sociológica" de sociedade em Durkheim, adversário do postulado de base da antropologia liberal, obviamente individualista e economicista, quer dizer, o reconhecimento de grandes regulações objetivas dos fenômenos sociais, como a dos "*republicains de progrès*", na origem Estado Social francês. Um amplo arco de coerência se estenderia assim do nascimento conjunto da Sociologia moderna e da Questão Social no século XIX — em princípio, tal questão, solucionável por uma espécie de reforma social permanente, induzida por algo como um arranjo político tácito entre liberais e socialistas depois de 1848, se Wallerstein tem razão — até a regulação de tipo keynesiano das sociedades salariais nacionais, precarizadas pela atual revanche dos mercados. Compreende-se então que a sociologia decline até a extinção a partir do momento em que — por motivo de globalização ou coisa que o valha — a ideia "nacional" de reforma social seja declarada obsoleta, salvo, é claro, na sua atual acepção antissocial invertida. Sobre esse eclipse concomitante de uma disciplina que nasceu conservadora e não obstante está condenada por vício de progressismo, e de uma resposta coletiva à Questão Social, ver Peter Beilharz, *Postmodern Socialism: Romanticism, City and State* (Melbourne, Melbourne University Press, 1994), e ainda do mesmo autor, "Globalização, bem-estar e cidadania", em Maria Célia Paoli e Francisco de Oliveira (orgs.), *Os sentidos da democracia: políticas do dissenso e hegemonia global*, Petrópolis, Vozes, 1999, pp. 202-3.

não parece mais fazer sentido algum,[76] como tampouco uma sociedade global sucedânea, uma contradição nos termos para o pensamento social clássico, ainda que essa ressalva não seja propriamente um argumento. A esse fim de linha aludem Castel e Paugam — entre tantos outros — quando relembram que exclusão e sociedade não podem coexistir, a menos, é claro, que se fabrique um outro conceito para o atual espaço de não relações sociais que se está cristalizando com a desafiliação em massa da ordem salarial específica do ciclo histórico recém-findo. Voltando às novas violências urbanas, que os atuais ideólogos e gestores globalitários encaram como o preço a pagar na transição de uma sociedade regida por um conflito central para uma outra "coisa" caracterizada pelo individualismo de massa (como Marcel Gauchet denominou a "sociedade da inseguridade"), faz então todo o sentido anunciar que a França hoje é palco de uma desestruturação espetacular, *nada mais nada menos que a revogação da sociedade nacional francesa*[77] — o que os americanos começam a chamar de brasilianização, com a diferença, é claro, que nem chegamos a conhecer uma sociedade salarial de verdade.

Estamos, portanto, de volta ao nosso cenário de origem: a síndrome brasileira da construção nacional abortada e, além do mais, interrompida numa sociedade drasticamente heterogênea, "dualizada" pelo próprio processo de modernização, o que precisamente define o subdesenvolvimento

---

[76] Seria ainda o caso de lembrar a provocação famosa? "There is no such a thing as society" (Margareth Thatcher), a "exclusão" que o diga. Assim como as abstrações podem destruir a realidade, o nominalismo também aniquila o seu próprio princípio de individuação.

[77] Michel Wieviorka, *op. cit.*, p. 47. Fechando o ciclo, com a palavra o inventor da "fratura social": "la nation, qui enferme les riches et les pauvres dans un réseau de solidarités, est pour les privilégiés une gêne de tous les instants" (Emmanuel Todd, *L'Ilusion économique: essai sur la stagnation des sociétés développées*, Paris, Gallimard, 1998, p. 153).

como resultado histórico e não etapa a ser percorrida linearmente. (Em tempo: como não dispomos de moeda conversível nem comandamos nenhum processo endógeno de inovação tecnológica, uma outra provocação famosa continua a ser o que sempre foi, apenas uma provocação: o Brasil não é um país subdesenvolvido — apenas injusto, como reza o seu complemento cínico.) De volta ao nosso ponto de partida, porém com uma ressalva: na hipótese, hoje sujeita à revisão,[78] de que uma construção nacional de tal ordem estava efetivamente em curso desde que, em meados do século XIX, o Estado brasileiro, com a proibição do tráfico negreiro, emergiu da clandestinidade, na tese bem conhecida do historiador Luiz Felipe de Alencastro sobre as origens da nacionalidade. (A desfaçatez do disparate entre parênteses não deixa de reforçar a hipótese de que a ansiedade de elite com algo como um déficit de construção nacional a ser saldado pode muito bem não ser mais do que um outro mito retrospectivo em nossas grandes narrativas fundacionais. Veremos.) Ora, se antes já era justamente essa famigerada "dualidade" que nos fazia pensar (no seu devido tempo, procurarei explicar como e por que) — a saber, a coexistência e determinação recíproca do Centro e da Periferia no mesmo espaço social, mola secreta da "dupla fidelidade" que agoniava nossos varões sabedores —, muito mais agora, em princípio pelo menos, que nossa fratura colonial congênita foi enfim igualada pela de um mundo que obviamente jamais conheceu a condição colonial (salvo os Estados Unidos e num outro registro, muito

[78] Por exemplo, no ensaio exploratório de José Luís Fiori, "A propósito de uma 'construção nacional interrompida'", em José Luís Fiori, *Brasil no espaço* (Coleção Zero à Esquerda, Petrópolis, Vozes, 2001), precedido por uma outra incursão pioneira de Maria da Conceição Tavares, "Império, território e dinheiro", em José Luís Fiori (org.), *Estados e moedas no desenvolvimento das nações* (Coleção Zero à Esquerda, Petrópolis, Vozes, 1999). Está claro que voltaremos ao assunto.

embora tenha sido uma República escravista), mas agora tão polarizado quanto uma imensa periferia, periferia que por seu turno sempre apostara no processo inverso, imantada pela redenção da homogeneidade social à europeia que agora se esfarela — seja isso dito e redito para resumir o argumento.

Será preciso ainda acrescentar (nunca se sabe) que brasilianização global não quer dizer que o futuro do mundo seja o "atraso" ou alguma variante tropical de capitalismo selvagem — sobretudo quando se tem em mente a corrupção endêmica nos países centrais, já aclimatada como uma segunda natureza da economia desregulada e autonomizada — ao contrário, matriz colonial aqui é sinônimo de vanguarda num sentido muito preciso: "enquanto outras colônias se estruturavam como colônia de povoamento, portanto na retaguarda da expansão mercantil [...], o Brasil exemplarmente, nascia para o sistema na vanguarda, isto é, como lugar de produção".[79] Hoje voltamos à vanguarda, só que da desintegração.[80] Na de ontem, quando éramos fronteira avançada do *désenclavement* planetário da economia-mundo capitalista,[81]

---

[79] Francisco de Oliveira, "A vanguarda do atraso e o atraso da vanguarda", em *Os direitos do antivalor*, Coleção Zero à Esquerda, Petrópolis, Vozes, 1998, p. 206.

[80] Na fórmula de Roberto Schwarz, sob o impacto do fim de linha anunciado por Robert Kurz, aliás, justamente descoberto e lido nos idos de Collor ("Ainda sobre o livro de Kurz", *Novos Estudos CEBRAP*, n° 37, 1993).

[81] Recorrendo livremente a uma expressão de Jacques Adda em *La Mondialisation de l'économie* (Paris, La Découverte, 1996). Com segundas intenções, é claro, quando mais não seja por propiciar o seguinte esclarecimento, já não sem tempo. O conceito de economia-mundo, que remonta a Braudel e foi explorado pelos teóricos da World System Theory, destaca — à contracorrente das concepções liberais e marxistas convencionais, que pressupunham um espaço econômico politicamente neutro — o caráter político a um tempo plural e hierarquizado (como dizia o mesmo Braudel, não há capitalismo sem hierarquia e todo o tipo de assimetrias

A fratura brasileira do mundo

ocupávamos o extremo quimicamente puro de uma configuração social propriamente monstruosa, na qual se exprimiria o sentido mesmo da colonização, e, como estamos vendo, um

sociais que redundam em monopólios) do sistema mundial das trocas capitalistas. Assim, o espaço econômico internacional que se constitui na esteira do grande transbordamento europeu é desde o início um espaço, como se disse, fortemente hierarquizado, cuja expansão é indissolúvel da concorrência que contrapõe os Estados ocidentais e que se exprime na luta pelo controle das zonas periféricas. Quando se diz que no espaço de meio milênio essa economia-mundo se tornou planetária, isso não quer dizer que ela não tenha sido "global" desde o *big bang* que a engendrou. (Compreendamos enfim o disparate de um capitalismo originário brotando em um só país, como a Inglaterra da Revolução Industrial, e daí irradiando-se pelo mundo numa corrida de obstáculos entre o pelotão dos "adiantados" e a rabeira dos *late comers*; despropósito simétrico ao juízo apologético de hoje a respeito do capitalismo que deu certo nos países "avançados", do tipo "pelo menos lá onde ele funciona, funciona muito bem".) Mais exatamente, tratando-se de uma rede de trocas implicando uma divisão do trabalho se espraiando por um espaço plurinacional — seja dito para simplificar, pois uma tal multiplicidade de jurisdições políticas recortando os territórios econômicos não precisa necessariamente assumir a forma "nacional", uma forma histórica entre outras —, e cuja compulsão de nascença à acumulação ilimitada proíbe-lhe tanto encerrar-se num espaço político singular, quanto obriga a exponenciar a competição entre os poderes políticos rivais, barrando assim a hipótese — tentação recorrente — de um espaço estatal único, de cunho imperial. Portanto, tratando-se de um sistema de fluxos de fatores transfronteiras e localizações econômico-políticos, estamos falando de um sistema que nesse despregar-se original (de cujo flanco brotamos) nasceu de uma só vez "global" e "nacional": isso dito para já ir desarmando a falsa querela entre globalistas e localistas das mais variadas procedências e obstinações doutrinárias. E mais — ou sobretudo, pois aqui reside a matriz básica das polarizações que está nos interessando repertoriar — é precisamente na fronteira de contiguidade entre Centro e Periferia, e que os referidos teóricos denominam de *semiperiferia*, que nos situamos, ideológica e materialmente, e isso desde que tal espaço intermediário se configurou ao longo do século XIX, na condição de variável de ajuste do centro cíclico de turno. Aqui, como sugerido e ainda veremos mais de perto, a matriz sistêmica de nossa Dualidade de nascença, tanto a real quanto o seu símile ideológico.

passado de muito futuro. Refiro-me à prevalência (e transparência) absoluta da razão econômica na gênese de uma "sociedade" que, por isso mesmo (se Mauss e Durkheim têm alguma razão...), dificilmente poderia atender por esse nome. No resumo exemplar de Celso Furtado:

> Os que chegam trazem consigo meios necessários para pôr em marcha uma empresa que já nasce próspera [...]. Um povo de comerciantes criava a primeira organização produtiva agrícola do Hemisfério Ocidental, vinculada ao mercado europeu [...]. Estava lançada uma operação transcontinental de grande envergadura, com o objetivo de criar um fluxo de exportação para um mercado situado a milhares de quilômetros. Dessa forma, os critérios econômicos se sobrepõem a tudo. Poucas vezes na história humana uma formação social terá sido condicionada em sua gênese de forma tão cabal por fatores econômicos.[82]

(Marx não dizia coisa muito diferente quando apresentava a empresa colonial como a câmara de decantação da verdade oculta na metrópole.) Resumo no qual ainda ecoam as considerações finais de Caio Prado Jr. sobre a conformação colonial do Brasil contemporâneo, confrontando a eficiência de nossa ordem colonial enquanto organização produtiva com sua esterilidade "no que diz respeito a relações sociais de nível superior". A seu ver, dado o exclusivo da exploração econômica bruta, o que define o viver na periferia de matriz colonial moderna é essa "falta de nexo moral", tomado no seu sentido amplo de "conjunto de forças de aglu-

[82] Celso Furtado, *A fantasia desfeita*, São Paulo, Paz e Terra, 1989, p. 15.

tinação, complexo de gerações humanas que mantêm ligados e unidos os indivíduos de uma sociedade e os fundem num todo coeso e compacto".[83] E então? Onde se diz nexo moral ausente numa quase sociedade de vanguarda mercantil, podemos ler erosão e invalidação do tal *lien social*, cuja evaporação contemporânea tira o sono dos franceses ameaçados de brasilianização.[84] Acontece que brasilianização, como o Ser em Aristóteles, se diz em mais de um sentido.

[83] Caio Prado Jr., *Formação do Brasil contemporâneo*, São Paulo, Brasiliense, 15ª ed., 1977, pp. 344-5.

[84] Dos argentinos também, afinal na América Latina nada mais próximo da Europa do que Buenos Aires. Como disse, não tinha conhecimento do emprego direto do neologismo *brésilianisation* na literatura francesa sobre a atual explosão das desigualdades. Todavia leio num artigo de Marie-France Prévôt Shapira sobre a fragmentação das cidades latino-americanas que, num doutorado de 1998 na EHESS sobre o processo de pauperização da classe média argentina, o autor considera que a Argentina vai afinal se aproximando do tipo mesmo da sociedade dual, a saber, o Brasil, e mais precisamente, que numa cidade dopada pela chegada dos investimentos estrangeiros como Buenos Aires, "tem medo que a *brésilianisation* alimente um discurso securitário e lógicas segregacionistas". Cf. *Esprit*, nov. 1999, p. 133.

III

O MUNDO SEM CULPA (I)

Quando foi divulgado entre nós o mau juízo de Michael Lind acerca do caráter brasileiro em gestação na sociedade americana, deu obviamente algum pano para manga. Convidado pela imprensa a "repercutir" o prognóstico sombrio, o antropólogo Roberto DaMatta reagiu à altura, quer dizer, à altura de uma ilustre linhagem explicativa das singularidades do país:

> O uso da expressão brasilianização para exprimir um estado de injustiça social me deixa ferido e preocupado. De um lado, nada tenho a dizer, pois a caracterização é correta. De outro, tenho a dizer que o modelo de Michael Lind exclui várias coisas. A hierarquia e a tipificação da estrutura social do Brasil indicam um modo de integração social que tem seus pontos positivos. Nestes sistemas, conjugamos os opostos e aceitamos os paradoxos da vida com mais tranquilidade. Seria este modo de relacionamento incompatível com uma sociedade viável em termos de justiça social? Acho que não. Pelo contrário, penso que talvez haja mais espaço para que estes sistemas híbridos e brasilianizados sejam autenticamente mais democráticos que estas estruturas

rigidamente definidas, nas quais tudo se faz com base no sim ou no não. Afinal, entre o pobre negro que mora na periferia e o branco rico que mora na cobertura há muito conflito, mas há também o carnaval, a comida, a música popular, o futebol e a família. Quero crer que o futuro será mais dessas sociedades relacionais do que dos sistemas fundados no conflito em linhas étnicas, culturais e sociais rígidas. De qualquer modo, é interessante enfatizar a presença de um estilo brasileiro de vida como um modelo para os Estados Unidos. É sinal de que tem mesmo água passando embaixo da ponte.[85]

Bem lembrado, com efeito. No caso, a lendária maleabilidade desse modo de ser com livre trânsito entre as classes, e de cunho simpaticamente popular. É claro que com um enorme porém, como logo se verá. Para abreviar e dar uma referência clássica, podemos dizer sem erro que esse quadro estilizado descende em linha direta do Brasil de antagonismos em equilíbrio, a rigor inventado por Gilberto Freyre, não obstante o forte apoio na enganadora persistência da ordem patriarcal. Volto a lembrar que Mário de Andrade costumava dizer que éramos uma "imundície de contrastes", mas isso em seu último período de empenho ilustrado no adiantamento mental e institucional do país. Enquanto o vanguardista retroverso Gilberto Freyre via nisso antes de tudo um luxo, mais exatamente, "um luxo de antagonismos". Podemos imaginar com que prazer teria relacionado o lapso bem paulista da "imundície" com as profiláticas luvas de borracha como certa vez caracterizou a colonização inglesa na Índia, por oposição ao amálgama tenso, porém harmonioso, cria-

[85] Texto reproduzido, com alterações, no artigo "País vive crise de autoestima", *Folha de S. Paulo*, 9/7/1995.

do nos trópicos por um colonizador indefinido, meio europeu, meio africano, como via o português. Lembro esta momentânea inversão de posições apenas para salientar o quanto sua visão, a um tempo dessublimadora e gostosamente complacente, permitiu-lhe apresentar uma imagem em ruptura com a obsessão complexada de ajustar o país à marcha da civilização.[86] Dito isso, não podemos passar adiante sem relembrar, restabelecendo a verdade histórica, que tal desrecalque antiburguês deveu-se, é claro, à revelação modernista de que a modernidade pode ser plural, que nada nos obrigava a alinhar com a bisonha modernolatria dos futuristas europeus, por exemplo. Em suma, na réplica do autor de *Carnaval, malandros e heróis*, repercutia ainda o contraponto nostálgico de Gilberto Freyre, obviamente a nosso favor, entre, de um lado, as "duras linhas puritanas" do colonizador inglês, e do outro, "o tipo contemporizador, sem ideais absolutos, nem preconceitos inflexíveis", que teria sido plasmado na América Portuguesa.

Esse cotejo desfavorável à rigidez da norma puritana, na origem da formação histórica dos Estados Unidos, em benefício do termo de comparação brasileiro, por motivo de simpática aversão ao universo das disciplinas modernas, a ponto da eventual generalização de um certo estilo brasileiro de vida ser saudado como uma boa noticia para a causa da civilização, tem um outro precedente mais do que ilustre. Estou me referindo ao estudo fundamental de Antonio Candido sobre as *Memórias de um sargento de milícias*, de Manuel Antonio de Almeida, romance de costumes de meados do século XIX no qual se acreditou ver um precursor picaresco de anti-heróis modernistas como Macunaíma e Serafim Ponte

---

[86] Na esteira de Ricardo Benzaquen de Araújo, *Guerra e paz*: Casa-grande & senzala *e a obra de Gilberto Freyre nos anos 30* (Rio de Janeiro, Editora 34, 1994).

A fratura brasileira do mundo

Grande.[87] Até que Antonio Candido mudasse o rumo desta fortuna crítica, reorientando em consequência a sondagem literária na direção de uma certa lógica social brasileira até então inexplorada, e no modo comparatista que está nos interessando agora reavivar. Revelou assim um modo de ser muito peculiar de suspensão dos conflitos e dos respectivos juízos morais, responsável por uma espécie de circulação contínua da gente pequena numa sociedade escravocrata, comprimida entre o trabalho servil e as classes proprietárias, entre as esferas da ordem e da desordem, do lícito e do ilícito, e empurrados de cá para lá pela inércia variada dos parasitismos e demais expedientes de sobrevivência, sem maiores dramas de consciência ou empenhos de convicção. O mais surpreendente é que esta arraia-miúda, beirando a anomia, desse o tom ideológico para o conjunto da sociedade: seria o caso de lembrar que também os detentores do mando social "conjugavam os opostos", "aceitavam com tranquilidade os paradoxos da vida", achando igualmente que as coisas não se fazem "na base do sim ou não" — para voltar aos termos em que no trecho referido Roberto DaMatta por sua vez repudiaria a duvidosa supremacia do espírito americano do capitalismo sobre a maleável sociedade relacional brasileira. Antonio Candido também era da mesma opinião acerca do déficit de humanidade de uma organização social comandada pela introjeção da Lei e correspondente extroversão da violência interiorizada sobre os não eleitos, e da respectiva vantagem civilizatória de uma sociedade que ganha em "flexibilidade o que perde em inteireza e coerência". Em resumo, a lábil alternância entre a norma frouxa e sua infração sem remorso, que amaina as tensões e dá lugar a toda sorte de acomodações, "nos fazem parecer por vezes inferiores ante

---

[87] O clássico "Dialética da malandragem" é de 1970, recolhido em livro apenas em 1993 (O discurso e a cidade, São Paulo, Duas Cidades).

uma visão estupidamente nutrida de valores puritanos, como a das sociedades capitalistas", mas com certeza haverá de facilitar "nossa inserção num mundo eventualmente aberto".[88] Esse mundo aberto, no qual se destacaria a contribuição milionária de nossas idiossincrasias, obviamente não veio. E, se acaso chegasse, encontraria a *dialética brasileira da malandragem de ponta-cabeça*. Deu-se o contrário em todas as frentes, como sabemos. Mas deu-se, sobretudo, um outro enorme disparate, a inversão positivadora da tese da brasilianização do Ocidente. Da parte de um europeu, nada mais genuinamente brasileiro.

O ADMIRÁVEL MUNDO NOVO DO TRABALHO É AQUI

Até onde posso saber, o mais recente europeu a lançar o mote da brasilianização das sociedades centrais foi o sociólogo alemão Ulrich Beck, autor do slogan Sociedade de Risco e propagador da ideia de Modernidade Reflexiva ou Segunda Modernidade, de Anthony Giddens.[89] Como seus precursores americanos, principiou empregando o neologismo na sua acepção entrópica mais evidente, como sinônimo de exclusão e dualismo selvagem. Assim, arremata seu penúltimo livro profetizando a brasilianização da Europa, caso esta não se decida por um *New Deal* contra a exclusão social — entre as

[88] A. Candido, "Dialética da malandragem", *op. cit.*, p. 53.

[89] Ulrich Beck, *Risk Society: Towards a New Modernity*, Londres, Sage, 1992 [ed. bras.: *Sociedade de risco: rumo a outra modernidade*, trad. Sebastião Nascimento, São Paulo, Editora 34, 2010]; Anthony Giddens, Ulrich Beck e Scott Lasch, *Reflexive Modernization: Politics, Tradition and Aesthetics in the Modern Social Order*, Cambridge, Polity, 1995 [ed. bras.: *Modernização reflexiva: política, tradição e estética na ordem social moderna*, tradução de Magna Lopes, São Paulo, Editora UNESP, 2012, 2ª ed.].

A fratura brasileira do mundo

gerações, entre os ocupados e os desempregados etc.[90] Nessa fantasia, o monopólio estatal da violência terá sido abolido; o Estado Social estará em ruínas, mas não impera a desordem, ou melhor, apenas nos territórios intermediários que juridicamente não pertencem a ninguém, pois nos demais — unidades de poder conflitantes que se defendem e se enfrentam, Estados que representam interesses particulares de interessados particulares — reinam, confusamente delimitados, grandes empresas internacionais, cartéis de drogas, exércitos de libertação nacional, militantes ambientalistas etc. Nesses Estados residuais ainda se arrecadariam impostos, mas na forma de pagamentos voluntários ou doações institucionais. Encimando a projeção deste cenário, variantes estilizadas da atual cleptocracia global. Por exemplo, circunstâncias em que se permite roubar livremente, inclusive por razões terapêuticas, sem falar em regiões nas quais se poderá adquirir e consumir sem restrições entorpecentes, aliás um velho tópico programático liberal. Neste último item, nossa imaginação nacional terá sido talvez mais exata. Num filme brasileiro recente, sem dúvida o mais importante da década — o que não chega a ser propriamente um elogio, em vista da indigência característica de um período de regressão em todos os níveis —, *Cronicamente inviável*, de Sérgio Bianchi, uma jovem senhora de sociedade, de passado possivelmente esquerdista e presente filantrópico, acha que o Estado deveria distribuir *crack* gratuitamente para os excluídos: se o futuro deles é mesmo nenhum, que pelo menos sejam publicamente assistidos em sua agonia pelo paraíso artificial do poeta a título de *Welfare*.

Mas ao que parece essa visão de um naufrágio *à la carte* do Ocidente terá sido apenas um mau pressentimento.

---

[90] Ulrich Beck, *O que é globalização?*, São Paulo, Paz e Terra, 1999.

No livro seguinte de Ulrich Beck, talvez contaminado pelo otimismo oficial da Expo-2000 de Hannover, que lhe encomendou uma monografia para a Biblioteca Básica da Mostra, o Brasil reaparece elevado, porém à condição de paradigma positivo do *Admirável Mundo Novo do Trabalho*, anunciado pelo título da obra. Tudo se passa como se bem brasileiramente nosso autor tivesse regredido da consciência catastrófica da brasilianização do Ocidente para uma amena consciência verde-amarela da globalização, mais exatamente, da dualização do mercado de trabalho. Voltamos assim a ser o País do Futuro. No caso, somos o real protótipo da Sociedade de Risco a caminho. Quem diria: nossa modernização de *rattrapage* acabou entroncando na Segunda Modernidade, a dinâmica reflexiva e triunfante da "modernização da modernização" manifestou-se finalmente na "desordem" de uma sociedade periférica, por definição inacabada. Queimando outra vez etapas, nos vemos de novo na vanguarda, quer dizer, na vanguarda da "superação" do regime de plena ocupação do trabalho no Ocidente. "O Brasil desafia a imaginação sociológica como um laboratório único, no qual nossas certezas se desfazem. A metáfora da brasilianização busca traduzir este movimento [...]. O problema da brasilianização é a diferença entre a Primeira e a Segunda Modernidade, que é a simultaneidade do risco global, como prova a desagregação do mundo do trabalho e a universalização do desemprego."[91]

---

[91] Ulrich Beck, *The Brave New World of Work* (Cambridge, Polity, 2000), notadamente capítulos 1 e 6. Para um breve resumo do argumento, cf. "Goodbye To All That Wage Slavery", artigo do mesmo autor em *New Statesman*, 5/3/1999. Ver ainda a entrevista com o autor feita por José Galisi Filho para a *Folha de S. Paulo* (23/5/1999), que aliás a certa altura lhe pergunta por que exatamente "brasilianização" e não, por exemplo, "mexicanização"? Com efeito, embora o PIB mexicano tenha crescido

A essa altura, o *risco* poderia ser grafado com maiúscula como uma categoria ontológica do famigerado estar-no--mundo, como nos bons tempos da descoberta existencialista da Finitude e seus derivados. Assim, enquanto na Primeira Modernidade tudo era uma questão de segurança, certezas e demarcações nítidas entre o sim e o não, agora, da economia à intimidade, tudo se encontra sob o novo regime do risco. Sobretudo a compra e venda da força de trabalho, domínio no qual passamos a exportar *know-how* em matéria de flexibilidade máxima. E pouco importa se para milhões de brasileiros as tarefas da Primeira Modernidade ainda são uma

"assombrosos" 7,8% no primeiro semestre de 2000, outro levantamento de distribuição de renda e riqueza (INEGI de agosto de 2000) mostrava que o fosso entre ricos e pobres aumentara ainda mais, a ponto de alguns especialistas estimarem que, a rigor, mais de 2/3 da população mexicana já se encontrava abaixo da linha de pobreza, concluindo que, desde a desvalorização cambial de 1994, a classe média fora aos poucos destroçada, tornando o México um país que passara a ter só ricos e pobres, sem uma camada intermediária. Enfim, dois Méxicos. (Não deixa de ser intrigante, seja lembrado de passagem, que alguns teóricos brasileiros, por isso mesmo heterodoxos, tenham recentemente ressaltado não só a centralidade da classe média brasileira, mas ancorado seus respectivos projetos de renascimento nacional no reencontro dessa mesma classe média rediviva com o "povo", o qual obviamente estaria muito longe da decomposição por entropia ou anomia, como se divulga nos clichês da elite, no dizer destes mesmos teóricos.) O mesmo José Galisi Filho entrevistou a respeito o atual ministro do Trabalho da Alemanha, para o *Jornal do Brasil*, do qual obviamente recebeu uma resposta oficial: depois de admitir que a era clássica do pleno emprego chegara ao fim, que uma crescente maioria de trabalhadores apresenta uma "biografia descontínua", o ministro se recusou a endossar a opinião de que daqui a dez anos um entre cada dois alemães ocupados trabalharia em "condições brasileiras". Decerto não compreendeu que tais condições se referiam à ascensão do novo homem, o Homem Flexível, cuja maleabilidade à brasileira estaria desenhando um novo modelo alternativo de ocupação, característico dos *flextimers*, algo que sem o saber parece que sempre fomos, flexíveis de nascença, quem sabe nos termos clássicos do pensamento brasileiro referidos acima.

pauta eternamente adiada, pois o raciocínio não é etapista, e está mais para pastiche involuntário de uma revolução permanente, se não à maneira bolchevique, pelo menos, de decalque em decalque, ao modo do Alto Modernismo brasileiro, quando este fantasiava juntar performance *high-tech* ao nosso reservatório pré-burguês de desordem colonial. Pensando bem — estamos diante de um outro episódio de acerto involuntário —, o pressentimento de uma flexibilização à brasileira do mundo não chega a ser um despropósito, desde que se inverta o sinal das duas variáveis, qualificando melhor a desordem efetivamente gerada pela flexibilização. Como fez, por exemplo, Richard Sennett, no sentido da alienação crescente do sujeito que se "dobra" e se ajusta ao rebaixamento do meio em mudança: o que no topo da hierarquia do capitalismo flexível se apresenta como poder para prosperar no caos das empresas tecnológicas em expansão se manifesta como compulsão autodestrutiva dos que trabalham mais embaixo no regime flexível.[92]

Obviamente Ulrich Beck não é o primeiro a celebrar a presumida revolução copernicana operada pelo emprego flexível. Tampouco é o primeiro a lembrar o quanto essa fragilização de massa se deve à avassaladora feminização da força de trabalho, cuja dupla jornada pedia no limite horários mais elásticos de extração de mais-valia.[93] Porém inova quan-

---

[92] Richard Sennett, *The Corrosion of Character: The Personal Consequences of Work in the New Capitalism*, Nova York, Norton, 1998, pp. 46-63 [ed. bras.: *A corrosão do caráter: consequências pessoais do trabalho no novo capitalismo*, tradução de Marcos Santarrita, Rio de Janeiro, Record, 1999].

[93] Pois afinal é disso que *ainda* se trata, como demonstrou, faz tempo, David Harvey, entre outros estudiosos da chamada acumulação flexível. Cf. *The Condition of Postmodernity: An Enquiry into the Origins of Cultural Change* (Oxford, Blackwell, 1989) [ed. bras.: *Condição pós-moderna: uma pesquisa sobre as origens da mudança cultural*, tradução

do assimila uma tal feminização — para não falar na correspondente etnização da mão de obra imposta igualmente pela corrida ao corte de custos — à síndrome geral a que se está dando o nome de brasilianização. Desde que obviamente se chame a flexibilização pelo seu verdadeiro nome brasileiro, a saber: um agravamento tal da espoliação e do desamparo dos indivíduos flexibilizados a ponto de assumirem cada vez mais os traços dos "homens precários" da periferia.[94] Precários, porém altamente maleáveis e plásticos na sua informalidade de nascença. Esse o ponto ótimo, embora cego, da nova apologética: desentranhar do processo metropolitano de "corrosão do caráter" pela Sociedade de Risco a exuberância

de Adail Ubirajara Sobral e Maria Stela Gonçalves, São Paulo, Loyola, 1992]. Demonstração acrescida da novidade não prevista pelos que à esquerda sempre apostaram no caráter intrinsecamente progressista do capitalismo, a saber o retorno de estratégias de extração de mais-valia absoluta, propiciado pelo desenvolvimento de novas tecnologias de organização da produção, que, por sua vez, agora sim, como era de se esperar, exponenciou a valorização da nova força de trabalho intelectual, valorização política inclusive, como instrumento privilegiado na desmoralização do sindicalismo de conflito. O regime dito de acumulação flexível resultaria da recombinação destas duas estratégias clássicas, porém em condições tais que diferentes sistemas de trabalho alternativos podem existir lado a lado no mesmo espaço, assegurando ao empreendedor capitalista uma tal liberdade de escolha entre modos aparentemente incongruentes de exploração econômica como só se vira até então nas industrializações periféricas. Daí a forte impressão de dualização subdesenvolvida que provoca o espetáculo oferecido pela "desordem" do capitalismo antes organizado, pelo menos no Centro.

[94] Título de um livro pioneiro de Flávio Aguiar sobre o teatro de Qorpo Santo, escritor brasileiro do século XIX que elevou à enésima potência o *nonsense* ideológico do "viver em colônia", força bruta do trabalho compulsório incluído, ao lado da insanidade "sistêmica" dos pacholas de todo tipo, germinando na terra de ninguém entre os dois *fronts* da fratura colonial.

sem nenhum caráter do povo miúdo da antiga franja colonial do sistema.

O MUNDO SEM CULPA (II)

Na verdade, deu-se mesmo um encaixe pelo qual ninguém podia esperar. A alegada contaminação legitimadora da acumulação flexível pela fluidez da boa alternância brasileira de ordem e desordem, vanguarda produtiva e retaguarda social, veio de fato estilizar a convergência entre duas modernizações abortadas, ou consumadas, tanto faz, confluência entre o desaburguesamento das elites globais e o "mundo sem culpa" plasmado na outrora promissora quase anomia periférica. É que, neste meio-tempo, os desclassificados da ordem colonial tornaram-se absolutamente modernos.

No âmbito da tradição crítica brasileira que estamos repassando, o primeiro a assinalar a metamorfose do malandro, ou mais exatamente o comentário impiedoso da atualidade sofrido pelas perspectivas sociais projetadas pela Dialética da Malandragem, foi o crítico literário Roberto Schwarz, não por acaso, repito, derradeiro representante dessa mesma tradição:

> O ensaio de Antonio Candido foi publicado em 1970, e a sua redação possivelmente cai entre 1964 e o AI-5. Nesse caso, a reivindicação da dialética da malandragem contra o espírito do capitalismo talvez seja uma resposta à brutal modernização que estava em curso. Entretanto, a repressão desencadeada a partir de 1969 — com seus interesses clandestinos em faixa própria, sem definição de responsabilidades, e sempre a bem daquela mesma modernização — não participava ela também da

A fratura brasileira do mundo

dialética de ordem e desordem? É talvez um argumento indicando que só no plano dos traços culturais malandragem e capitalismo se opõem...[95]

Isso observado por volta de 1978. Verificação ainda mais enfática no início dos anos 1990, uma década depois do desengano desenvolvimentista, a propósito de um importante ensaio de interpretação do Brasil ainda inspirado pelo finado projeto modernista de incorporação dissidente da herança colonial pré-burguesa, de costas todavia para o que tal herança efetivamente veio a ser, bem como seus portadores originais. Estes últimos, "segundo a fórmula de um observador recente, são sujeitos monetários sem dinheiro, num quadro em que a contravenção e o gangsterismo fazem parte tão estrutural quanto o encanto da cultura iletrada [...] sem prejuízo da graça e do alento utópico, o nosso fundo não burguês se mostrou apto, também, a servir de legitimação ao capitalismo sem lei nem cidadania trilhado no país".[96]

O mais surpreendente no entrecruzamento que estamos examinando, desta vez na opinião insuspeita da apologética metropolitana, é que o capitalismo com lei e cidadania no núcleo orgânico está cada vez mais parecido com a nossa malandragem agora ultramoderna. Não deixa de ter sua graça ser convidado a reconhecer alguns estereótipos da extinta malandragem nacional encravados na fluidez conexionista

[95] Roberto Schwarz, "Pressupostos, salvo engano, de 'Dialética da malandragem'", em *Que horas são?*, São Paulo, Companhia das Letras, 1987, p. 154.

[96] R. Schwarz, "Discutindo com Alfredo Bosi", em *Sequências brasileiras, op. cit.*, p. 70. O autor da fórmula "sujeitos monetários sem dinheiro", quer dizer, ex-proletários virtuais, é o teórico alemão Robert Kurz, revelado no Brasil pelo outro Roberto, é sempre bom lembrar, se é fato que essa gravitação conjunta é parte do argumento.

encarnada pelo novo paradigma da Sociedade em Rede. Graça além do mais reforçada pela demonstração do efeito de economia moral oposto, como no referido argumento crítico de Luc Boltanski e Ève Chiapello, que, no melhor estilo da *Ideologiekritik* de extração materialista, tomam ao pé da letra os enunciados práticos do mundo conexionista. Veja-se, por exemplo, a análise dos comportamentos ditos "oportunistas" dos *networkers* e suas implicações enquanto modalidade de exploração econômica em rede, à medida que desencadeia processos de exclusão diminuindo a "empregabilidade" dos demais membros de um coletivo de trabalho. Num estudo anterior sobre as situações emotivas que se estavam cristalizando na variante italiana da acumulação flexível, Paolo Virno também notara o quanto a versatilidade adaptativa exigida pela nova dependência do trabalho — a que se resumiria a falsa liberação pós-taylorista — equivalia a um certo oportunismo militante, além do mais expressão paradoxal de um arranjo para nós familiar: o "profissionalismo" apregoado pelos flexibilizadores nada mais seria do que uma estilização cínica das qualidades de sobrevivência apuradas durante os períodos prolongados de precariedade, ou simplesmente de pré-trabalho.[97]

Um último flagrante dessa metamorfose dos habitantes do "mundo sem culpa", o mesmo Roberto Schwarz voltou a colher numa das mais importantes obras literárias da década de 1990, o romance *Cidade de Deus*, de Paulo Lins, sobre a expansão e mutação histórica da criminalidade no Rio de Janeiro. Já nas páginas de abertura, o crítico reencontra as pautas clássicas da vida popular brasileira, onde "em boa paz e sem susto para a consciência, o pé na irregularidade convive

---

[97] Paolo Virno, *Opportunisme, cynisme et peur: ambivalence du désenchantement*, Paris, L'Éclat, 1991.

com a disposição prestativa", mas só até que essa constelação cordata e otimista seja contestada pela "pobreza, o desemprego e, sobretudo, pelos primeiros cadáveres boiando no rio que corre ao lado da favela. O aspecto da vida popular que irá prevalecer é outro". Na primeira sequência de assalto, a um prosaico caminhão de gás vendendo botijões aos moradores, os bandidos chutam a cara de um "trabalhador" que, deitado no chão, tentava esconder o dinheiro:

> A palavra "trabalhador" torna mais condenável a violência dos bandidos? Ou pelo contrário, ela escarnece do otário que os quis enganar? Impossível dizer. A ambivalência no vocabulário traduz a instabilidade dos pontos de vista embutidos na ação, um certo negaceio malandro entre ordem e desordem — para retomar noutra etapa a terminologia de "Dialética da malandragem". Aliás, os mesmos assaltantes franqueiam os botijões de gás ao pessoal assustado, que saía de fininho mas num minuto leva toda a mercadoria.[98]

Continuamos assim no coração da *dualidade brasileira*, mas agora entendida como a experiência formadora de matriz popular, como vimos nos termos clássicos de Antonio Candido, uma espécie de "balanceio entre o bem e o mal, compensados a cada instante um pelo outro sem jamais aparecerem em estado de inteireza", de sorte que os pares antitéticos das sociedades consolidadas — lícito ou ilícito, moral ou imoral, justo ou injusto etc. — se mostram reversíveis e não estanques, imunes à racionalização ideológica clássica

[98] R. Schwarz, *"Cidade de Deus"*, em *Sequências brasileiras, op. cit.*, pp. 163-4.

das antinomias, convivendo por aqui num curioso lusco-fus-co.[99] Só que assustadoramente convertida no seu avesso complacentemente autodestrutivo. Nada mais flexível do que a precariedade ocupacional de um "bicho solto"[100] e sua respectiva sociedade de risco.

Se passarmos ao polo das elites, iremos nos deparar com a mesma malandragem, só que agora a serviço da Ordem. Neste capítulo, é bem possível que também nos reconheçam algum pioneirismo em matéria de degradação *avant la lettre*, a saber, as consequências sociais devastadoras da "margem de liberdade absurda e antissocial de que a classe dominante, fortalecida pelo seu canal com o 'progresso' do mundo moderno, dispõe no país".[101] Como nossa burguesia nunca se pautou, nem poderia, salvo por motivos suicidas, pelo austero *ethos* weberiano da acumulação, sua dualidade rebaixada — um pé no patrimonialismo local, outro nas trocas transatlânticas modernas — por assim dizer antecipara a desmoralização contemporânea das finadas burguesias mundiais. Recentemente, Francisco de Oliveira cunhou a expressão "síndrome russa" para caracterizar as privatizações brasileiras ainda em curso — o vendedor também costuma passar para o outro lado do balcão como comprador —, mas não seria exagero reconhecer a marca indelével da hoje decantada flexibilidade brasileira no cenário pós-soviético em que gravitam os "capitalistas sem capitalismo": uma boa pesquisa comparada poderia descobrir coisas do arco-da-velha em termos de ambivalência malandra na desordem da Euro-

[99] A. Candido, "Dialética da malandragem", em *O discurso e a cidade*, *op. cit.*, p. 48.

[100] Na tipificação hierárquica dos bandidos na sociedade "relacional" da Cidade de Deus.

[101] Roberto Schwarz, "Um seminário de Marx", em *Sequências brasileiras*, *op. cit.*, p. 103.

A fratura brasileira do mundo

pa Oriental. Mas não é preciso ir tão longe.[102] De modo geral, o lusco-fusco malandro, a promíscua alternância do lícito e do ilícito, se deixam reconhecer em estado bruto na delinquência financeira de hoje, possivelmente outro sintoma aparatoso da brasilianização do mundo. Penso, entre outros detalhes edificantes para um brasileiro, numa observação da juíza Eva Joly, acerca de sua dificuldade em enquadrar como réu um criminoso de colarinho branco, ou melhor, monocromático — personagem hoje inviável sem a associação com o alto preço das decisões dos políticos sobre privatizações e concessões de serviços públicos —, sobretudo quando se tem em mente que para a tradição jurídica iluminista o criminoso era antes de tudo vítima de suas circunstâncias. Ora, o novo delinquente econômico — nosso flexível malandro da ordem e da desordem mundiais — apresenta pelo contrário um percurso institucional notável pela superadaptação, precisamente de uma incomparável e bem brasileira "naturalidade".[103]

Faltou acrescentar enfim, nesta série de invalidações sucessivas da lógica nacional do amaciamento dos conflitos e correspondente relativização dos polos antagônicos, que, por sua vez, a ressalva pela qual começamos — que em comparação com os sistemas sociais rígidos, como o americano, o futuro está mais para as sociedades relacionais como a nossa

---

[102] Uma boa amostra do *modus operandi* do Estado em Rede — na mirabolante conceituação de Manuel Castells e associados — pode ser encontrado no último escândalo da República, um tenebroso *affaire* de alta traficância na Secretaria-Geral da Presidência da República. Para um comentário das implicações sistêmicas dos negócios globalizados com fundos públicos, ver o artigo de Francisco de Oliveira, "As Caldas de Pereira: o escândalo globalitário", *Folha de S. Paulo*, 17/8/2000, p. I-3.

[103] Apoio-me na resenha de *Notre affaire à tous* (Paris, Les Arènes, 2000), de Eva Joly, por Alcino Leite (*Folha de S. Paulo*, Caderno Mais!, 30/7/2000, p. 30).

— em particular, as grandes mediações evocadas pelo antropólogo Roberto DaMatta, positivando o juízo negativo acerca do abrasileiramento das desigualdades americanas, como o carnaval, a música popular, a família etc., tal ressalva, repito, acaba de sofrer igualmente, por assim dizer, no plano mais contundente das imagens, outro comentário implacável da atualidade. Refiro-me ao filme já citado de Sérgio Bianchi, *Cronicamente inviável*, começando pela revelação da fabricação da açucarada "ditadura baiana da felicidade", passando pelo esvaziamento social-familista da utopia carioca da Bossa Nova e culminando numa grandiosa pancadaria em família, distribuída equitativamente entre o filho espancador de trombadinha e o romance da empregada doméstica disposta a abrir o bucho de Madame, aliás, sua companheira de infância e Casa-Grande na Gávea. De resto, boa parte das sequências é montada pelas andanças de um antropólogo pelo país do extermínio que vem a ser atualmente o Brasil, cuja duvidosa clarividência intelectual se casa sem maiores atropelos com o tráfico de órgãos, pois ninguém é de ferro, e sempre se carece de uns trocados para arredondar o orçamento. O que não deixa de ser uma volta a mais no parafuso da reversão histórica da picaresca nacional.

Subindo novamente ao andar de cima, a alternância de ordem e desordem tornou-se enfim *ressentimento ostensivo*, a ponto de se tornar traço fisionômico de classe, na boa observação do crítico de cinema Ismail Xavier, num balanço recente da cinematografia brasileira dos anos 1990.[104] Aliás, depois de passar em revista a expressiva galeria de ressentidos na filmografia do período, Ismail Xavier chega a sugerir que a figura do ressentimento talvez tenha se tornado uma

[104] Ismail Xavier, "O cinema brasileiro dos anos 90", *Praga*, nº 9, 2000.

A fratura brasileira do mundo

categoria-chave para o diagnóstico nacional, como se todos ruminassem uma desfeita histórica qualquer, com a natureza da qual infelizmente não é muito difícil atinar. Houve uma explosão, e, em meio aos estilhaços, "o nacional é experiência à revelia (que), no entanto, se impõe, pela própria estrutura do filme [de Sérgio Bianchi], como um território e como uma sina, como a mesa do restaurante". Voltando à desautorização histórica do mito da terra sem mal, por motivo de frouxa interiorização da Lei, o filme toma o cuidado de distinguir o ressentimento dos oprimidos da sua versão classe alta. Esta não se conforma, por exemplo, com a vergonha permanente do lugar onde vive e aspira pelo menos à violência civilizada do Primeiro Mundo, por contraste com a violência *sans phrase* dos subdesenvolvidos, cuja encantadora desordem de outrora teria se tornado sinônimo da mais bruta incivilidade, uma obsessão, esta última, ao longo de todo o filme. Há também, noutra observação preciosa de Ismail Xavier, a revelação de uma certa "incompetência" na origem do ressentimento dos de cima. Na hora do brinde a Nova York, estão reunidos à volta da mesa do restaurante politicamente correto pelo menos um humilhado por assalto e outro estropiado por acidente de trânsito pouco europeu. Ressentimento a meio caminho da amargura do patrão decepcionado — como Antonio Candido caracterizou certa vez a imagem do caipira desvitalizado e retrógrado criado por Monteiro Lobato — e da inépcia truculenta de uma camada dirigente a um tempo maligna e bisonha, na opinião, insuspeita de esquerdismo, de um Celso Furtado, por exemplo, logo depois de nosso acordo falimentar com o FMI:

> Existe uma espécie de estratégia com respeito ao Brasil, comandada pelos Estados Unidos e baseada na ideia de que o Brasil demonstrou incapacidade de se governar. Um país com tantas possibi-

lidades e que se afunda tanto tem uma classe dirigente inepta. Para mudar isso, é preciso tirar dessa classe dirigente o instrumento da política monetária. Com a dolarização, o sistema monetário passaria a ser administrado pelo Federal Reserve, que é o Banco Central dos Estados Unidos. Essa é a própria essência da globalização.[105]

Voltemos ao hemisfério superior da Ordem, tomando-a agora na sua acepção mais encorpada, à esfera simbólico-normativa da Lei que nunca foi plenamente introjetada na organização subjetiva dos figurões nacionais e sua clientela, pelo menos não na intensidade e convicção desejada pelos freudianos — como lembrado, a norma burguesa da subjetividade mais exigente não era mesmo conosco.[106] A começar pelo psicanalista malandro que negocia o preço da sessão com ou sem nota fiscal. Assim, na opinião de um ex-ministro dos tempos do Plano Cruzado — nosso derradeiro espasmo desenvolvimentista —, comentando o mesmo filme de Bianchi, que obviamente lhe falou à imaginação num país de sonegadores assumidos: "na hora do perigo, do acidente, do assalto ou da redenção, se mostram como são: roubam, salvam o seu e fogem", e, mais importante, "fazem quase tudo legalmente".[107] *Lato sensu*, é claro: relembro que estamos falando da Lei e da Ordem num mundo sem culpa, e cujo de-

---

[105] Celso Furtado, entrevista a *Bundas*, 12-19/10/1999, p. 11.

[106] Sérvulo Augusto Figueira, "Machado de Assis, Roberto Schwarz: psicanalistas brasileiros?", em *Nos bastidores da psicanálise: sobre política, história, estrutura e dinâmica do campo psicanalítico*, Rio de Janeiro, Imago, 1991.

[107] João Sayad, *"Cronicamente inviável"*, *Folha de S. Paulo*, 10/7/2000, p. D-2.

sajuste no plano global está emprestando um novo significado à desordem do nosso progresso de antigamente.

De volta ao filme: "duas dondocas atropelam mendigos e, em vez de socorrerem as vítimas, produzem discursos bem articulados em que se isentam de culpa".[108] Aberrações à parte, a grande novidade está precisamente nessa "articulação", na desenvolta capacidade intelectual para "formular", coisa inédita à vista da tradicional boçalidade de nossa gente fina, possivelmente o mais precioso legado da atual elite dirigente para a história da civilização brasileira: diante da série de horrores do cotidiano nacional, todos "formulam" muito bem. Continuando: "[uma delas, a dondoca professoral] afirma que não tem culpa se o atropelado desrespeitou a lei, que não é possível viver num país no qual as pessoas não têm a mínima noção de contrato social".[109] Na verdade, pelo menos neste tópico da culpabilização dos indivíduos empurrados para as margens do sistema, por inempregáveis e insolváveis não temos total primazia, bem como no que concerne à correspondente irresponsabilização dos grupos dirigentes que aparentam barganhar, em nome da choldra inepta e desdentada, com o vasto mundo da riqueza cosmopolita.

Não custa lembrar, para voltar ao ponto, mais exatamente a um outro ponto em que parecem convergir o mundo sem culpa da elite brasileira e o mundo do trabalho europeu culpabilizado pelo seu próprio desmanche, que, se é certo que a crescente irresponsabilização do comando político-econômico no Brasil tem raízes locais, reforçadas hoje, como se viu,

[108] Luis Zanin Oricchio, O *Estado de S. Paulo*, 14/5/2000, p. D-6. "Quase todos os personagens do filme, na verdade, estão às voltas com o mesmo problema: o de livrar-se de qualquer responsabilidade pelos horrores que acontecem no país." Marcelo Coelho, *Folha de S. Paulo*, 10/5/2000, p. E-10.

[109] L. Z. Oricchio, *cit.*

pelo livre acesso patrimonialista ao dinheiro mundial, algo terá a ver com o novo *ethos* da reestruturação produtiva de cunho gerencialista-flexível, cujo ponto de honra consiste justamente no domínio da arte de exercer o mais incontrastado poder sem ser responsabilizado por coisa alguma que não seja debitado à rediviva "força das coisas", do chão de fábrica aos gabinetes ministeriais. Desse novo *habitus* decorre a famigerada "arrogância" da nova classe dirigente, com a qual aliás se chocaram de frente os grevistas franceses de 1995.[110] Uma outra figura da fuga à responsabilidade — só a "mudança" é o agente responsável, observa por sua vez Richard Sennett, a propósito da demagogia antiautoritária de que trabalho e capital jogam agora no mesmo time: se todo mundo é vítima de sua época, a autoridade se torna invisível — é a ironia branca dos pós-modernos. Assim, o homem irônico, transformado por Richard Rorty em herói intelectual do nosso tempo, nada mais é do que a transposição *highbrow* do universo, sem padrão de autoridade e responsabilidade, da acumulação flexível.[111] Nesse jogo do poder irresponsável, a ironização das condutas obviamente se bifurca: para cima, a autoridade descaracterizada pela alegação de que os processos destrutivos em curso são comandados pela ironia objetiva das coisas, cega por definição; para baixo, a autodesmoralização da dissidência. Pois na periferia, a Dialética da

---

[110] Jean-Pierre Le Goff, "Le grand malentendu", em Jean-Pierre Le Goff e Alain Caillé, *Le Tournant de décembre*, Paris, La Découverte, 1996; do mesmo Le Goff, ver *L'Illusion du management* (Paris, La Découverte, 1998). Relembro mais uma vez que a matéria bruta ideológica da qual Luc Boltanski e Ève Chiapello desentranharam as linhas de força do Novo Espírito do Capitalismo provém sobretudo do jargão do *management* flexível.

[111] R. Sennett, *The Corrosion of Character: The Personal Consequences of Work in the New Capitalism*, op. cit., cap. 6.

A fratura brasileira do mundo

Malandragem, agora na berlinda mundial, também poderia ser decifrada nos seus primórdios carregados de futuro como uma sorte de ironização permanente das motivações, com a ressalva que o desafogo prometido deu no que estamos vendo.

O crítico de cinema Paulo Emílio Salles Gomes costumava se referir às classes fundamentais de uma periferia em que a condição colonial era reconfigurada a cada variação do centro hegemônico mundial como "ocupante" e "ocupado". Mais do que nunca, vale a pena reler o trecho premonitório à luz da atual regressão colonial, conforme vão avançando as fronteiras imateriais do novo imperialismo, as que verdadeiramente contam, o resto são encargos fiscais-repressivos da administração local:

> Nunca fomos propriamente ocupados. Quando o ocupante chegou, o ocupado existente não lhe pareceu adequado e foi necessário criar outro [...]. A peculiaridade do processo, o fato de o ocupante ter criado o ocupado à sua imagem e semelhança fez deste último, até certo ponto, o seu semelhante. Psicologicamente, ocupado e ocupante não se sentem como tais: de fato, o segundo também é nosso e seria sociologicamente absurdo imaginar a sua expulsão como os franceses foram expulsos da Argélia [...]. O quadro se complica quando lembramos que a Metrópole de nosso ocupante nunca se encontra onde ele está, mas em Lisboa, Madri, Londres ou Washington [...]. Basta por ora atentar para a circunstância de o emaranhado social brasileiro não esconder, para quem se dispuser a enxergar, a presença em seus postos respectivos do ocupante e do ocupado.

Isto dito em 1973.[112] A atual dessolidarização pós-nacional acabou fazendo justiça à verdade daquele anacronismo. Vinte anos depois, Celso Furtado reparava que os ricos nacionais, por assim dizer baseados no Brasil, voltaram a ser vistos como habitantes de outro planeta.[113]

"Nós éramos e somos ilegais" (I)

Pode-se dizer que os estudos recentes da urbanista Ermínia Maricato estão passando a limpo a matriz brasileira dessa segunda periferização do mundo. Estou me referindo em particular a um livro — *A metrópole na periferia do capitalismo* (São Paulo, Hucitec, 1996) — cujo título (parafraseado lá no início, como o leitor terá por certo notado) enuncia precisamente esse "curto-circuito entre metrópole e periferia",[114] as quais, em princípio, não poderiam andar juntas. Mas ao se juntarem nas megacidades do capitalismo periférico — quer dizer, de um lado um arremedo de cidade global servindo de isca para atrair investidores internacionais, de outro, o inchaço entrópico de pobreza e desamparo das periferias —, revelam o fundo falso, ou melhor, verdadeiro, do "mundo sem culpa" na sua mais avançada reconfiguração, uma outra atualização, desta vez urbana. Pois Ermínia Maricato simplesmente reencontrou o fio malandro da ordem e da desordem na urbanização à brasileira, por sinal o mes-

[112] No primeiro número da revista *Argumento*, recolhido depois em Paulo Emílio Salles Gomes, *Cinema: trajetória no subdesenvolvimento* (São Paulo, Paz e Terra, 1980, p. 77).

[113] Celso Furtado, *O capitalismo global*, São Paulo, Paz e Terra, 1998, p. 40.

[114] Como o caracterizou Otília Arantes, a cuja resenha me reportarei a seguir.

A fratura brasileira do mundo

mo que o crítico literário Roberto Schwarz — cujos esquemas lhe serviram de sonda — redescobrira no narrador machadiano, o figurão de nosso antigo regime liberal-escravista, empenhado em demonstrar sua superioridade ora acatando a norma culta do mundo europeu, ora afrontando e desacreditando suas mesmas fumaças civilizadoras. Valeria assim para a produção capitalista do espaço na cidade o mesmo rebaixamento contemporâneo daquela mesma alternância outrora popular entre o lícito e o ilícito, agora na forma de uma articulação perversa entre poder público arbitrário e relegação social.

Resenhando livremente o livro, Otília Arantes — cujo comentário passo a acompanhar ao pé da letra — sugeriu que a seguinte constatação bem poderia servir-lhe de epígrafe: "nós éramos e somos ilegais".[115] A fala é de um ex-favelado e exprime o desalento de um homem precário, cuja posse ilegal de um lote clandestino o deixa à mercê de toda sorte de arbitrariedades — da polícia ao judiciário. Ocorre que esse infrator nato e indefeso é incentivado pelo próprio Estado, e suas ramificações no submundo dos negócios imobiliários, a prosseguir na ocupação ilegal do solo, com a ressalva malandra, própria de uma sociedade que conjuga sem exclusivismos o sim e o não, e cultiva a flexível ambivalência das zonas intermediárias entre o certo e o errado: a legislação tanto pode ser aplicada ou não ser; ora vale a informalidade clientelista, ora as leis do mercado. Continuo citando. Passando para o polo dominante, a mesma declaração pode ser relida em chave cínica. Aqui o jogo entre a exceção e a regra prossegue na contravenção sistematicamente praticada pelas elites. É sempre bom lembrar que estreamos na vida soberana

---

[115] "Pobre cidade grande", *Folha de S. Paulo*, Jornal de Resenhas, 10/5/1997, p. 10. Depois recolhido no volume de ensaios *Urbanismo em fim de linha* (São Paulo, Edusp, 1999).

como um Estado negreiro, um infrator nato também, no caso, das leis internacionais contra a pirataria. Completando o raciocínio, o fecho da brasilianização do mundo: na última década, os organismos multilaterais passaram a recomendar a regularização à brasileira dos assentamentos espontâneos (*sic*), também à brasileira. Em suma, dialética da malandragem em escala global.

"Nós éramos e somos ilegais" (II)

A consumada modernidade flexível, então, é isso que se está vendo no velho laboratório brasileiro da mundialização: esse entra e sai na esfera peculiar dos mais diversos ilegalismos, tanto no plano da mera viração dos despossuídos, quanto no âmbito da alta transgressão que distingue os pilares da sociedade nacional. Acrescido o conjunto de uma outra contribuição igualmente idiossincrática, a aplicação caprichosa da lei,[116] arbitrariedade que, no caso, deveria paradoxalmente regular a produção do espaço urbano. Assim, ainda na observação da mesma Ermínia Maricato, o regime altamente flexível que vigora nesta terra de ninguém que é a cidade ilegal não só demanda, e por isso mesmo, um aparato regulatório inchado no limite do surreal, como convive muito bem com este seu par alterno.

Pois essa mesma "fúria regulatória" se manifesta igualmente no desmanche do mundo brasileiro do trabalho, além do mais regida ela também pela mesma lógica dual que esta-

---

[116] Wanderley Guilherme dos Santos fala de "punição aleatória e penas erráticas", a propósito do hibridismo institucional brasileiro, em *Razões da desordem* (Rio de Janeiro, Rocco, 1993, cap. 3). A seu ver, o Brasil da recém-inaugurada década de 1990, e sua fieira de ajustes macroeconômicos, teria reativado algo como uma versão de mercado do modelo máfia.

A fratura brasileira do mundo

mos redescobrindo na síndrome da brasilianização do mundo. Até onde sei, a evolução dessa outra anomalia local vem sendo acompanhada por um grupo de pesquisadores da "nova questão social" brasileira, como denominam o amálgama da pobreza "atrasada" com os novos deserdados da reestruturação produtiva global, do qual resulta um pacote moderno de "excluídos" reconduzidos à condição natural de paisagem.[117] Está claro que, à vista da espantosa instabilidade ocupacional que caracteriza o mercado de trabalho no Brasil, tudo se passa como se também nesse domínio avançado da sociedade global de risco fôssemos igualmente flexíveis de nascença. Mas não é só o formidável e crescente contingente de trabalhadores que hoje transitam num perpétuo vai e vem entre desemprego e as mil formas de trabalho precário e que por isso mesmo vivem numa espécie de confinamento, aquém das parcas garantias sociais conquistadas pelos assalariados formais. Também estes últimos não logram escapar à malha desestruturante das ilegalidades consentidas. Pois é aqui que a mencionada "fúria regulatória" convive com a burla rotineira das normas contratuais, de forma que, por meio das práticas recorrentes de demissão, o núcleo duro do trabalho organizado acaba se reencontrando com o outro extremo da informalidade.[118] No limite dessa trama de ilegalismos, categorias profissionais inteiras acabam simplesmente "desaparecendo", inclusive das estatísticas e da representação sindi-

[117] No que segue me apoio sobretudo em Vera da Silva Telles: "Questão social: afinal do que se trata?", *Revista do SEADE*, out.-dez. 1996; "No fio da navalha", *paper*, Instituto Polis, São Paulo, 1998.

[118] Do mesmo modo, um Estado altamente regulatório, segundo Wanderley Guilherme, tornou-se o criador de grupos de interesse rentistas (*op. cit.*, p. 114). Fechando o argumento, Vera Telles vê no tráfico de drogas e demais manifestações do crime organizado, através dos quais os tais "excluídos" forçam a porta de entrada no mercado, uma espécie de versão popular e mais condizente do neoliberalismo — pragmático ou não.

cal. Graças à terceirização predatória e suja, não estão "fora" do mercado, apenas se tornaram socialmente invisíveis.[119] Tal como os sem-teto, expurgados do atual Censo nacional por ordens "científicas" superiores.[120]

Pensando bem, o admirável mundo novo do trabalho é aqui mesmo. Basta um exemplo, colhido na vanguarda dos *flextimers*. Refiro-me aos novos campeões da flexibilidade, situados bem no alto da escala das qualificações requeridas por uma economia baseada no trabalho com informação. Sob o novo regime global do risco, são aqueles que integram o coração de uma força de trabalho em permanente disponibilidade e que, portanto, estão a perigo, como se diz, caso não sejam conectáveis a qualquer momento e em qualquer lugar. O olho bem treinado do historiador brasileiro Luiz Felipe de Alencastro para as anomalias do mercado de trabalho nacional não teve dificuldade em reconhecer no último produto do lixo cinematográfico americano — *Missão impossível 2* ou coisa que o valha — uma estilização involuntária desse ultra-flexível trabalho à disposição, na figura do "mocinho" mobilizável pela rede telemática do Império em qualquer canto para salvar a humanidade, ou garantir os lucros extraordinários de sua firma. E, como se trata de um olho escolado pelo secular entrelaçamento de trabalho compulsório e trabalho dito livre, sobretudo reconheceu, sob o verniz *high-tech* do indivíduo isolado pronto para ser empregado em qualquer circunstância, nada mais nada menos do que uma espécie de empregada doméstica à brasileira, devidamente globalizada. Pois nada mais parecido com a servidão dessa *disposable labor force* de última geração do que o destino emblemático da pobre criatura colonial, "alojada no quartinho do fundo da casa ou do apartamento e pronta, todo dia,

---

[119] V. da S. Telles, "Questão social: afinal, do que se trata?", *cit*.

[120] *Folha de S. Paulo*, 19/9/2000, pp. 1-4.

toda hora, para atender aos pedidos e aos abusos do patrão, da madame e dos filhos da família".[121] Continuamos portanto na vanguarda. Outra vez, um laboratório e tanto do famigerado desenvolvimento desigual e combinado de um capitalismo que parece continuar o mesmo. Ou não?

[121] Luiz Felipe de Alencastro, "A servidão de Tom Cruise", *Folha de S. Paulo*, Caderno Mais!, 13/8/2000, p. 7. Novamente não estou dizendo nada que um cartógrafo das fraturas francesas, por exemplo, não pudesse rastrear por si mesmo. Sobretudo o leitor de André Gorz. Na intenção do qual aproveito a deixa para relembrar um passo "brasileiro" de sua crítica das falsas superações da sociedade salarial, justamente o que diz respeito à alegada passagem da sociedade industrial para a economia informacional de serviços. Quero me referir a uma outra dimensão da "dualização" das sociedade centrais, seu aspecto propriamente colonial, a ressurreição pós-moderna do trabalho servil, o trabalho da multidão pauperizada, cujo *métier* doravante é servir, e servir para que fique bem claro que são inferiores e que as novas hierarquias estão aí para ficar e por isso mesmo estão sendo monetizadas. Cf. André Gorz, "Pourquoi la société salariale a besoin des nouveaux valets", *Le Monde Diplomatique*, *Manière de Voir*, nº 18, 1990, pp. 48-52.

Posfácio
CHEGANDO NA HORA
PARA O DESMORONAMENTO DO MUNDO

Marildo Menegat

1.

A fratura brasileira do mundo é um dos ensaios fundadores de uma nova crítica radical do capitalismo que tem se desenvolvido por estes lados do planeta nas últimas décadas. Escrito em 2001, tem a idade dos Fóruns Sociais, da experiência acumulada na Coleção Zero à Esquerda e da percepção certeira de que a tradição crítica brasileira estava extinta. Foi, se não me engano, o programa implícito dos estudos e debates do grupo coordenado por Paulo Arantes nas noites de quarta na USP. Entre seus muitos achados está a retomada, em nova chave, do tema clássico do desenvolvimento desigual e do dualismo da dinâmica social da periferia, respondendo a ambas as questões de forma nova e perturbadora. Para o autor, não se estaria mais diante de uma contradição que impulsiona o movimento progressivo de modernização das sociedades nacionais, mas de uma contradição que apenas *comporta o tempo lento do fim das expectativas de futuro promissor destas mesmas sociedades,* hoje unificadas e globais. Estas questões fazem parte, em perspectiva, de uma floração surgida a partir do que Roberto Schwarz andava pensando, principalmente em "Fim de século".[1] Ou seja, se

[1] Roberto Schwarz, "Fim de século", em *Sequências brasileiras: ensaios*, São Paulo, Companhia das Letras, 1999, pp. 155-62.

a nação, do ponto de vista material de um sistema de produção de mercadorias, entrou em derrocada, o que ainda resta a ser pensado? A resposta pode ser aparentemente absurda, mas dá a tonalidade exata da nossa condição atual: o tempo do fim. A amplitude e a repercussão deste tema podem ser acompanhadas e aprofundadas pela elaboração paralela do apagão-extinção da tradição crítica brasileira, que aparece no ensaísmo de Paulo Arantes nessa mesma época. Esta extinção demarcou o corte traumático que se segue ao aniquilamento da nossa capacidade coletiva de pensar e sentir a realidade, enquanto a fratura do mundo nos devolve a uma situação incontornável — ao circunscrever a contradição como algo que terá que se resolver no tempo presente, dando-lhe urgência, e dela não retirando qualquer mola propulsora de um futuro conhecido, suprimindo inclusive tudo o que era ilusório nas reflexões de outrora sobre este tema. Defrontados com esse resto, porém, descobrimos que a fratura, ao não ter nexos com o devir, é abismo.

Neil Smith afirma, num de seus livros, que o espaço deve ser entendido como uma dimensão material na análise do processo de abstração social produzido pelo capitalismo. Uma mudança de lugar, portanto, implica uma mudança do sentir. Quando Paulo Arantes sustenta que o mundo cada vez mais se assemelha à periferia, ele diz tanto que o mundo mudou (para pior), quanto que a periferia, este particular, também mudou (e não apenas em decorrência do todo), a ponto de ser a imagem em que o centro se espelha. A situação paradoxal é que, na aparência, a periferia foi alcançada pelo desenvolvimento do centro, e não o inverso, como era esperado pela filosofia da história do Esclarecimento. Mesmo assim, ainda não fica claro em que sentido o centro passa a ser materialmente semelhante à periferia. O melhor, por enquanto, seria registrar que houve uma transformação do sistema, estendendo as condições de existência da periferia para além do que era então seu espaço exclusivo. Neste caso, cristalizamos a imagem de que ocorreu algo com o centro, que passou a se parecer com um imenso Brasil. A periferia cresceu, se espalhou. No entanto, não foi um fenômeno de ordem cíclica, parte de um campo comum de previsibilidade e de expectativa. Nem se trata apenas de jogar luz ao que antes estava imerso em sombras. Do ponto de vista do desenvolvimento e da história do sistema, houve um amplo e profundo processo de mudanças estruturais, misturando a periferia ao centro.

Nestas transformações que atingiram e mudaram também a periferia — em que o Brasil é um outro, idêntico e distinto da ruindade que foi outrora — cabe entender melhor que acontecimento foi esse, ao criar uma vala comum onde o modo de ser da sociedade moderna está sendo enterrado. Schwarz há tempo já cismava com o chão que seus pés pisavam. E não apenas porque a noção de progresso é ilusória. Aliás, pensar o progresso como processo de destruição pode ajudar muito, mas a conversão do centro em periferia e da periferia num outro, esta unidade que o tempo histórico adquiriu no presente, é bem mais do que a ruína de uma ideologia. Isso ganhou corpo em Schwarz quando o crítico percebeu que a figuração dialética da realidade de um país como o Brasil não tem como repetir as necessidades internas à lógica das formas clássicas da dialética que explica o centro. Nas primeiras linhas de "As ideias fora do lugar", o crítico escreve: "Toda ciência tem princípios, de que deriva o seu sistema. Um dos princípios da Economia Política é o trabalho livre. Ora, no Brasil domina o fato 'impolítico e abominável' da escravidão. Este argumento — [...] contemporâneo de Machado de Assis — põe fora o Brasil da ciência. Estávamos aquém da realidade a que esta se refere [...]".[2] A economia política, para Marx, foi a ciência que permitiu uma com-

---

[2] Roberto Schwarz, "As ideias fora do lugar", em *Ao vencedor as*

preensão categorial, mesmo que acrítica, isto é, predominantemente descritiva, das práticas da sociedade moderna. Essas categorias são um índice do desenvolvimento desta forma social, assim como uma dimensão obrigatória do ordenamento da matéria que constitui o fundamento a partir do qual se desenvolve a dialética deste tempo histórico.[3] Pensando bem, não é que as formas do centro sejam formas inteiramente diferentes daquelas da periferia. Antes, a formação da dinâmica do centro — que parecia ser um movimento de oposições capaz de criar saltos qualitativos supressores de eventuais estorvos ao suave progredir do processo social —, analisada à luz da história e tomada a necessária distância, só pode ser pensada como um ilusionismo. Também não é o caso de se afirmar que a dialética não funcionou na periferia como funcionou no centro — o que seria dizer que a realidade da periferia não é parte do todo — mas, tão somente, de que essa matéria, que compõe a realidade em seus movimen-

batatas: forma literária e processo social nos inícios do romance brasileiro [1977], São Paulo, Duas Cidades/Editora 34, 2000, p. 11.

[3] Sobre a tese da economia política — em particular o trabalho — como fundamento da dialética moderna, ver Georg Lukács, *Le Jeune Hegel: sur les rapports de la dialetique et de l'économie*, t. I e II (Paris, Gallimard, 1981). Conforme também Paulo Arantes: "No meio desse redemoinho, o que esperar de um simples estudioso brasileiro das aventuras francesas da dialética hegeliana? Diante da enormidade da tarefa — reagir ao seu tempo por meio de um doutorado, um gênero por definição inepto —, só lhe restava cumprir o que de fato lhe prescrevia sua certidão de nascença: sob a superfície de um argumento materialista clássico — a centralidade do trabalho na redefinição hegeliana do tempo — um subtexto onde não seria muito difícil reconhecer um acerto de contas com a última reviravolta do pensamento meia oito em torno daquele espantalho que todo mundo adorava desancar", em "Paulo Arantes en entretien avec Frederico Lyra. L'autre sens. Une théorie critique à la périphérie du capitalisme", *Variations*, nº 22, 2019. Disponível em <http://journals.openedition.org/variations/1115>.

tos e transformações, comportou diferenças internas necessárias à própria lógica constitutiva do centro, e que as manifestações deste processo na história do capitalismo, ao fim, não têm nada de melhor para produzir do que o seu próprio colapso.[4]

Há na elaboração de Schwarz uma percepção da particularidade da experiência brasileira que, para se formar, precisou incluir as mudanças de característica que a totalidade da sociedade capitalista foi assumindo. A concepção de um processo progressivo — que em parte se apresentou no centro — de formação e desenvolvimento do sistema, condensada teoricamente nas formas clássicas da dialética, está longe de possuir uma potência universalizadora e atemporal. Tampouco estas formas poderiam assumir uma realidade social e histórica sem a formação da periferia. Além disso, suas categorias se desenvolvem historicamente e devem ser atualizadas — o que é a própria essência da relação entre centro e periferia —, e, portanto, não podem simplesmente se repetir. Assim, a luz desse processo iluminou partes muito restritas do globo e há muito, neste sentido, a terra não se move. Ao invés de uma universalização progressiva do processo de produção de mercadorias — com uma acumulação elástica quase infinita, que criaria em seu solo instituições com níveis civilizados de convivência humana —, *restou* uma sorte de dialética sem força supressora de suas oposições, que bem representa a realidade do capitalismo na periferia, assim como, agora lida no seu todo, a lógica atuante no tempo do

---

[4] Ao longo deste posfácio o leitor verá, no entanto, que sustento uma leitura crítica do trabalho, o que amplifica o olhar crítico à dialética. Para uma discussão diferente do que aqui se faz sobre dialética na obra de Paulo Arantes, ver o belo posfácio de Giovanni Zanotti, "A antecâmara da ideologia mundial", em Paulo Eduardo Arantes, *Formação e desconstrução: uma visita ao Museu da Ideologia Francesa*, São Paulo, Duas Cidades/Editora 34, pp. 279-329.

seu limite interno absoluto de expansão.[5] Portanto, o que Schwarz percebeu como uma dialética sem síntese serve da mesma maneira, uma vez atualizada, à configuração da realidade de um país de modernização retardatária, bem como à forma adquirida pelo próprio capitalismo tardio, na época da sua crise estrutural. Por isso, o fenômeno da não formação positiva das categorias fundamentais do sistema,[6] comum às sociedades periféricas, e o tempo do limite lógico interno, em que estas mesmas categorias entram em crise, se assemelham nos sintomas e se misturam no tempo histórico, o que os torna espaços idênticos. Como o tempo da brasilianização do mundo é uma época de integração total do sistema, suas referências se embaralham. E, por isso, o desenvolvimento desigual, que pretendia dar conta dessas diferenças, se esfu-

[5] Ao responder às críticas ao livro de Robert Kurz, feitas por Luiz Carlos Bresser-Pereira, José Arthur Giannotti e Francisco de Oliveira ("Colapso da modernização ou crise cíclica? As diabruras metafísicas de Robert Kurz", *Novos Estudos CEBRAP*, nº 36, jul. 1993), Roberto Schwarz fala da apresentação de uma gênese do presente em O *colapso da modernização*: "O nexo interior entre economias avançadas e retardatárias, bem como a feição em parte monstruosa desenvolvida pelas últimas, se devem analisar no bojo de uma história geral do sistema de produção de mercadorias, de cuja lógica fazem parte". Cf. "Ainda sobre o livro de Kurz", *Novos Estudos CEBRAP*, nº 37, nov. 1993, p. 134.

[6] As categorias fundamentais são formas de abstração real que constituem a sociedade moderna, tais como o trabalho abstrato, o valor, a mercadoria e o dinheiro. A partir desta base categorial Marx elaborou a crítica do fetichismo da mercadoria como a crítica a um processo social de dominação por meio de abstrações. Sobre a não constituição positiva das categorias na periferia, ver Grupo de Sexta, "Formação do trabalho e modernização retardatária no Brasil", em Cássio Arruda Boechat (org.), *Os sentidos da modernização: ensaios críticos sobre formação nacional e crise* (e-book), Vitória/Rio de Janeiro, EDUFES/MC&G, 2022; e Anselmo Alfredo, *Crítica à economia política do desenvolvimento e do espaço*, São Paulo, Annablume, 2013.

Posfácio

ma, já que, em relação à não simultaneidade histórica entre centro e periferia — quando o Brasil se torna uma imagem síntese, um adjetivo da forma substantiva do real — não há mais uma desigualdade que possa ser ultrapassada pelo atrasado, mas apenas escombros em comum. Pode-se dizer que, nesta situação, o progresso da sociedade moderna realizou seu objetivo de emparelhamento: inicialmente como farsa e agora como ruína.

2.

A dualidade foi um modo recorrente de pensar a dinâmica do capitalismo na teoria social. A explicação ideológica do processo de expansão do sistema desde cedo se agarrou a uma noção naturalista evolutiva, na qual supostas formas sociais superiores descobriam seu passado remoto em povos inferiores. Por mais atrocidades que esta visão produziu durante os séculos seguintes, as conquistas europeias dos demais continentes foi selada tão profundamente que até mesmo o outro, submetido às novas formas de dominação, dela se usou para explicar a sua derrota. A força devastadora das armas de fogo foi este bisturi demarcador de espaços que uniu, para mantê-los apartados, dois mundos. Num deles — onde a constituição e o desenvolvimento de uma sociedade baseada na produção de valor se afirmaram —, a determinação, a eficácia e o alcance da dominação precisou se expandir e colonizar outro espaço. Este outro, como um momento cindido da forma dominante, desvalorizado e reificado,[7] mas essencial para a existência do capital, foi se produzindo como

[7] Roswitha Scholz, "O valor é o homem: teses sobre a socialização pelo valor e a relação entre os sexos", *Novos Estudos CEBRAP*, nº 45, jul. 1996, pp. 15-36.

algo fora dele, mas nele contido. O tempo abstrato que a forma valor pressupõe, associado a esta noção de hierarquias, serviu de matéria-prima para uma concepção de história cujo sentido também implicou a concepção de tempos distintos entre esses dois mundos apartados. Até um pouco antes do último quarto do século XIX, quando a partilha da África escancarou a verdade que esse sentido colonialista da história representa, a expansão do capitalismo tinha criado a ideia fixa de que o globo se dividia entre modernos e arcaicos. A Revolução Industrial, em muitos aspectos, deu a medida para esta definição. Ela criou objetivamente a abstração real de que o tempo da máquina, como tempo do capital, é o tempo avançado em que se efetiva a história e que serve de medida a todos. Quanto mais a maquinaria, como capital constante, exigiu a mobilização de somas enormes de dinheiro, mais o processo de expansão do capitalismo se apoiou na necessidade imperativa de realizar permanentes "modernizações da modernidade", na expressão de Robert Kurz.

O marxismo às vésperas da Primeira Guerra, seja na versão social-democrata ou na bolchevique, já tinha compreendido que o mundo "arcaico", entendido como um espaço ainda não tocado pelo capital, havia chegado ao limite. Como sabiam seus autores, há muito o domínio imperialista já não poupava sequer os corais da Austrália. Ao que parece, a terra tinha voltado a ser plana para os investimentos do capital. São deste contexto as primeiras teorias dualistas críticas do desenvolvimento desigual. Recenseando estas elaborações, muitos anos depois, Neil Smith argumenta que a "divisão mundial em mundos subdesenvolvido e desenvolvido, embora inexata, somente pode ser compreendida [...] como um todo".[8] É dele também a separação entre uma teoria cien-

---

[8] Neil Smith, *Desenvolvimento desigual: natureza, capital e produção do espaço*, Rio de Janeiro, Bertrand, 1988, p. 132.

tífica do desenvolvimento desigual, de outra, que seria mais uma teoria das suas consequências políticas.[9] Com estas definições, Smith pretendia *dar conta da dinâmica da expansão espacial do capital*, que apresenta uma tendência crescente — em meio às diferenças — à integração e à equalização. A Inglaterra, por exemplo, constrangida pela concorrência que a Segunda Revolução Industrial a obrigava — e que ganhava força impressionante em países como Estados Unidos e Alemanha —, encontrou neste período os limites da assim chamada economia nacional. O historiador Tom Kemp, ao explicar esta situação — onde a questão "que se coloca [...] nos países industriais mais velhos é se a aderência aos princípios do lucro [...] não tendia inevitavelmente [...] para o abandono do crescimento"[10] —, observou uma inclinação social sádica do fetichismo do capital, ao simplesmente virar as costas ao território onde foi originalmente acumulado. Provavelmente tal infidelidade do dinheiro se explica pelo fato de que, para além da fronteira nacional, abria-se "um novo e vasto escoamento para o capital britânico", com compensações que impediam "qualquer tendência para uma diminuição das oportunidades de investimento internas". Surgia com isso, diz ainda Kemp, "um padrão de investimento cosmopolita" a que "os países recentemente industrializados, bem como os produtores primários, podiam recorrer".[11] Este novo padrão de expansão, produzido a partir de uma superacumulação de capital, dependeu desses investimentos no

---

[9] Como é o caso da teoria do desenvolvimento desigual e combinado de Trótski, que conclui pela necessidade da revolução permanente, isto é, de transformações políticas que levem ao emparelhamento das nações "atrasadas com as avançadas".

[10] Tom Kemp, *A revolução industrial na Europa do século XIX*, Lisboa, Edições 70, 1987, p. 205.

[11] *Idem, ibidem*, pp. 201-2.

exterior para manter sua valorização. Situação que não mais arrefeceu na história do capitalismo e se tornou um mecanismo de compensação dos limites lógicos que o capital começava a sentir. São estes investimentos em capital fixo, que se espalham para além das fronteiras da Europa, que aceleram a tendência equalizadora notada anteriormente por Smith.[12] Com ela há um aniquilamento do espaço pelo tempo.

Estas desovas de capital pelo globo demandaram processos de modernização dos países onde se internalizaram. Não por acaso, o fluxo desta expansão imperialista produziu uma guerra mundial seguida de revoluções nacionais no início do século XX. A Primeira Guerra, como se sabe, foi um amplo movimento modernizador e esteve articulada por um nexo interno — como fator desencadeador — aos processos de revolução das modernizações retardatárias do período. Comentando a "lei do desenvolvimento histórico" de Leon Trótski, que procurou explicar esta articulação, Michael Löwy pondera que a sua novidade era contemplar "o surgimento do capitalismo como um sistema mundial".[13] O que Trótski entendia por sistema mundial era precisamente a passagem deste à sua fase superior. Porém, em muitos aspectos importantes, a lei do desenvolvimento histórico que ele elaborou ainda é parte de uma *dialética do esclarecimento*, articulada em torno de um sujeito modernizador que desde sempre se caracterizou por incorporar a luta entre progresso e atraso como parte de uma teleologia da sociedade moderna. Há uma diferença, no entanto, entre o tempo histórico em que se formam estes dois tipos de modernização

[12] N. Smith, *Desenvolvimento desigual: natureza, capital e produção do espaço, op. cit.*, p. 137.

[13] Michael Löwy, *A política do desenvolvimento desigual e combinado: a teoria da revolução permanente*, São Paulo, Sundermann, 2015, p. 113.

Posfácio

esclarecida. Ao observar a ontologização das categorias constitutivas da sociedade burguesa realizadas pelo Esclarecimento, e o quanto elas mantêm o exercício da crítica numa dimensão apenas imanente às formas desta dinâmica social, Robert Kurz notou que "no século XX, o conceito de crítica desloca-se cada vez mais para as relações capitalistas internas".[14] A teorização de Trótski do desenvolvimento desigual, em suas consequências políticas, como diria Smith, é menos uma nova compreensão da história humana do que, justamente, esta atualização da teoria do Esclarecimento. O sentido de evolução que ele concebe mudou, é verdade. Opera agora por saltos emparelhadores da periferia[15] e sua razão de ser se concentra no desenvolvimento das forças produtivas. A luta entre o novo e o velho foi atualizada na epopeia sempre inconclusa da modernização da modernidade do capitalismo.

O marxismo tradicional — que pode ser entendido, então, como um tipo de esclarecimento das modernizações da fase superior do capitalismo — não entende as categorias constitutivas[16] da sociedade moderna como formas históricas submetidas a uma lógica de abstrações reais, lógica que constitui o sujeito automático da valorização do valor. Tampouco

[14] Robert Kurz, "A ruptura ontológica", em Maria Elisa Cevasco e Milton Ohata (orgs.), *Um crítico na periferia do capitalismo: reflexões sobre a obra de Roberto Schwarz*, São Paulo, Companhia das Letras, 2007, p. 161.

[15] "Açoitados pelo chicote das necessidades materiais, os países atrasados se veem obrigados a avançar aos saltos. Desta lei universal do desenvolvimento desigual da cultura deriva outra que, na falta de nome mais adequado, chamaremos de lei do desenvolvimento combinado, referindo-se à aproximação das distintas etapas do caminho e à confusão de distintas fases, ao amálgama de formas arcaicas e modernas". Leon Trotsky, *Historia de la Revolución Rusa*, Bogotá, Pluma, 1982, p. 15.

[16] Ver nota 6.

aceita a concepção de que — ao desenvolver cada uma das funções relativas a estas categorias no interior do sistema, como uma totalidade — o capital, mecanismo impessoal e inconsciente de dominação, tende a criar para si mesmo um limite absoluto das condições da acumulação que, uma vez atingido, passa a se manifestar na forma de uma crise cada vez mais aguda e dissolutiva. Esta autocontradição em processo, que constitui a moderna sociedade produtora de mercadorias em seu desenvolvimento, não é, voltando ao marxismo tradicional, um estágio necessário da organização da humanidade para sustentar avanços civilizatórios. Mesmo porque a ciência e a técnica, que servem para afirmar este padrão civilizatório desde o final do século XIX, são meros ramos da produção com funções determinantes na extração de mais-valor relativo, ao ponto que o seu desenvolvimento permitiu prescindir significativamente do trabalho vivo no processo de produção, acelerando a tendência ao colapso do sistema. *O progresso das forças produtivas, deste modo, apenas entra em contradição com as relações de produção por uma razão secundária*, isto é, porque leva a forma valor a perder a própria substância positiva, que é o tempo de uso do trabalho vivo, e, com ela, a um processo de desvalorização generalizado do capital. Com isso, o trabalho, como categoria fundamental para a sustentação desta totalidade histórica, perde sua capacidade de atuar na efetividade social e de produzir as abstrações reais que legitimam este todo, tornando-se uma simples negatividade. O tempo desta categoria no chão da história, quanto mais se intensifica o uso da ciência e da técnica na produção, mais tende a entrar irreversivelmente em crise. Mesmo assim, nem por isso tal categoria perdeu sua figuração — como fantasmagoria! — na realidade social, e se mantém como um amuleto subjetivo produzido por um ordinário apego da humanidade às manifestações fetichistas do mundo moderno.

Posfácio

Tem toda razão quem acusa de eurocêntricas estas elaborações ilustradas do marxismo tradicional.[17] Sem pretender levar água para moinhos de vento, quando Trótski, na continuidade de sua teoria da revolução permanente, aprofunda a "lei do desenvolvimento desigual e combinado" — afirmando que as revoluções modernizadoras do século XX "preparam e realizam a universalidade e permanência do desenvolvimento do homem",[18] e compreende como tarefa primordial do socialismo, ao realizar este fim, não apenas tomar as forças produtivas do capital, "mas levá-las adiante imediatamente, [e] elevá-las a um nível mais alto"[19] —, ele de fato está contribuindo para o desenvolvimento de algumas categorias constitutivas do sistema, por ele ontologizadas, que permaneciam subdesenvolvidas na periferia — inclusive na Rússia em 1917. O esforço da revolução russa em submeter as massas camponesas à disciplina do trabalho abstrato foi um dos resultados dessas contribuições. Alec Nove, descrevendo os primeiros passos da Revolução de Outubro na economia, recuperou um aspecto sombrio desta identidade com o curso da história: "Trotsky e Bukharin", diz ele, "elaboraram uma teoria do trabalho forçado para o período de transição". Segundo esta teoria, "os objetivos gerais do proletariado, apontados pelo Partido, deviam ser impostos ao próprio proletariado", de modo que, para Trótski, "os ope-

[17] Maurílio Botelho, "Colonialidade e forma da subjetividade moderna: a violência da identificação cultural na América Latina", *Espaço e Cultura*, n° 34, jul.-dez. 2013, pp. 195-230. Disponível em <http://www.e--publicacoes.uerj.br/index.php/espacoecultura/>.

[18] M. Löwy, *A política do desenvolvimento desigual e combinado: a teoria da revolução permanente*, *op. cit.*, p. 113.

[19] Leon Trótski, *apud* M. Löwy, *A política do desenvolvimento desigual e combinado: a teoria da revolução permanente*, p. 97, nota 14.

rários que se recusassem a trabalhar onde lhes fosse ordenado deveriam ser tratados como desertores do exército".[20]

Neil Smith, quando fala da tendência à equalização do capital, esboçada por Marx, na fórmula da aniquilação do espaço pelo tempo, também faz referências a esta base do desenvolvimento do capital fixo. Este inclui o uso intensivo da ciência e da tecnologia, como preparação das condições para a socialização universal da humanidade. Em Smith, no entanto, a coisa é mais complexa e sutil. Ele admite, inspirado em Herbert Marcuse, que a equalização pode produzir uma "geografia do homem unidimensional". Mais precisamente, observa: "O mínimo denominador comum [...] não é exatamente a a-espacialidade implícita numa equivalência de salários e preços" que resultaria da universalização do trabalho abstrato e da homogeneização das forças produtivas, "mas a iníqua degradação da paisagem. *A a-espacialidade é aqui o reverso da utopia*".[21] A intuição de que o desenvolvimento da sociedade moderna pode acabar numa forma nivelada de barbárie é uma dessas visadas do pensamento que não podemos esquecer, pois está presente na tese da brasilianização do mundo formulada por Paulo Arantes, como veremos mais à frente.

[20] Alec Nove, "Economia soviética e marxismo: qual modelo socialista?", em Eric Hobsbawm (org.), *História do marxismo*, vol. 7, Rio de Janeiro, Paz e Terra, 1986, p. 111. As passagens de Trótski são do "Discurso do IX Congresso do Partido". Na mesma linha vai uma nota crítica de Marcuse sobre este tema: "[...] o uso de métodos anteriormente denunciados de 'industrialização capitalista' (disciplina de trabalho rigidamente imposta, longo período diário de trabalho, direção científica, autoridade ditatorial, salários baixos, o sistema de bônus, lucratividade competitiva) permitiu que a economia soviética queimasse várias etapas do desenvolvimento industrial em apenas duas décadas". Herbert Marcuse, *Marxismo soviético: uma análise crítica*, Rio de Janeiro, Saga, 1969, p. 225.

[21] N. Smith, *Desenvolvimento desigual: natureza, capital e produção do espaço*, *op. cit.*, p. 174, grifos meus.

Posfácio

3.

O trabalho de exumação das promessas, que abre *A fratura brasileira do mundo*, pode ser lido como uma proposta de elaboração do luto. O Brasil não é o país do futuro e está entregue à vida sem milagres do capitalismo em crise. Sem esta elaboração, se poderia acabar pensando que o país sobrou num dos círculos infernais de sua presumida selvageria, como comumente é visto e descrito. A lenga-lenga neoliberal das contrarreformas se concentra justamente neste tipo de argumento. O problema então seria um caso particular, em que o país não tem recursos para enfrentar os desafios de uma nova ordem mundial. Em outras palavras, como forma social inferior, sua capacidade de superação da condição periférica nunca se realiza. Tal discurso se aferra, com um certo gozo, ao ideal do que ele poderia ter sido no futuro, mas que desapareceu, ao ponto de hoje ser apenas uma fantasmagoria. Também a esquerda tradicional não vai muito além do cultivo desse projeto de nação. Ela mesma está presa ao passado e aos momentos decisivos em que este ideal teria fugido do seu controle de realização. *A questão é que, percebido que o país do futuro inexiste, o que realmente sobra é a selvageria do capitalismo.*[22] Portanto, elaborar este luto é finalmente pensar que o problema não se resume ao fato de ser uma periferia, mas o de pertencer a um sistema que se reproduz como horror e destruição — o que pode, talvez, ser mais facil-

[22] "Será preciso ainda acrescentar (nunca se sabe) que brasilianização global não quer dizer que o futuro do mundo seja o 'atraso' ou alguma variante tropical de capitalismo selvagem [...], ao contrário, matriz colonial aqui é sinônimo de vanguarda num sentido muito preciso [...]". Paulo Eduardo Arantes, "A fratura brasileira do mundo", em *Zero à esquerda*, São Paulo, Conrad, 2004, p. 58 [nesta edição, p. 63].

mente percebido desde a periferia. Deste lugar, que é justamente a borda do sistema, onde a anomia e a exceção, segundo Paulo Arantes,[23] sempre foram o regime dominante, a totalidade fragmentada se apresenta mais nítida como verdade histórica do capital. A periferia não falhou ao tentar copiar o centro, na medida em que isso sempre foi lógica e materialmente impossível. E agora, quando o centro passa a se assemelhar com a periferia, tal fato ocorre justamente devido à dinâmica atual que esta lógica imprime ao processo social. Em outras palavras, a universalização da civilização, vista a partir de uma forma de dominação social abstrata tão destrutiva como é o capitalismo, sempre esteve interditada, inclusive em boa parte da história do centro, enquanto a barbárie é um produto inexorável do desenvolvimento de suas contradições e, por isso, deve se generalizar na medida em que tais contradições se aprofundam.

A promessa de um futuro auspicioso para o Brasil dependeu também de uma determinada infraestrutura. Entre os anos 1930, quando o financiamento da exportação de café tornou-se inviável sem uma guinada industrializante e, principalmente, depois dos 1950, quando esta industrialização foi acelerada pelo surto desenvolvimentista, a consciência nacional esteve grávida e, em parte, empenhada em querer fazer do país um outro. Neste período a imagem da cópia de um padrão avançado de sociedade foi inebriante e, um pouco mais ao rés do chão, possibilitou pensar criticamente o que se era. Ou seja, o que não se queria continuar sendo ao realizar o futuro. Além disso, ela permitiu afirmar algumas qualidades que trincavam a imagem da cópia[24] e admitiam

[23] Felipe Catalani e Luiz Philipe de Caux, "A exceção pensada", *Cult*, "Especial Paulo Arantes", nº 272, ago. 2021.

[24] Este foi o caso de Sérgio Buarque de Holanda e Antonio Candido, entre outros. Em Sérgio Buarque, "[...] um mundo de essências mais inti-

Posfácio

sonhar esse outro com um caráter próprio. O princípio de realidade da nação, num estado febril, oscilou entre o impulso modernizador e a utopia de um dia desaguar em outro mundo. Não seria absurdo admitir que esta terra arrasada do capitalismo de fim de século é a rocha dura daquela utopia comentada por Smith, na qual o país acordou, com ressaca, ainda no tempo em que findou a ditadura civil-militar de 1964.

Num pequeno livro de 1992, Celso Furtado já dava os primeiros passos avisando que o naufrágio estava à vista.[25] A relação entre desenvolvimento econômico e o dever moral de realizar as promessas de transformação do Brasil num outro país é essencial para se entender que o assunto de *A fratura brasileira do mundo* não é um falatório frustrado de "uma vida intelectual autoencasulada", mas uma atualíssima compreensão da objetividade em que o mundo desanda e do que se perdeu com o fim da promessa — pois esta, bem ou mal, embalava expectativas e fazia pensar, colocando inclusive a nação em movimento. O fim da promessa de futuro

---

mas que permanecerá intacto, irredutível e desdenhoso das invenções humanas. Querer ignorar esse mundo será renunciar ao nosso próprio ritmo espontâneo [...] por um compasso mecânico e uma harmonia falsa". Cf. *Raízes do Brasil* [1936], Rio de Janeiro, José Olympio, 1982, p. 142. Segundo Antonio Candido: "Na formação histórica dos Estados Unidos houve desde cedo uma presença constritora da lei, religiosa e civil, que plasmou os grupos [...] delimitando os comportamentos graças à força punitiva do castigo exterior e do sentimento interior de pecado"; "Esse endurecimento do grupo e do indivíduo confere a ambos grande força de identidade e resistência, mas desumaniza as relações com os outros, sobretudo os indivíduos de outros grupos, que não pertencem à mesma lei e, portanto, podem ser manipulados ao bel-prazer". Cf. "Dialética da malandragem", em *O discurso e a cidade* [1993], Rio de Janeiro, Ouro sobre Azul, 2004, p. 43.

[25] Celso Furtado, *Brasil: a construção interrompida*, São Paulo, Paz e Terra, 1992.

acabou nos devolvendo ao exíguo e tórrido quadrado em que a realidade do capitalismo, em seu estágio de crise estrutural, nos reserva. Furtado foi um dos autores canônicos dos estudos sobre a formação nacional. Resultando já de um reposicionamento do objeto que Caio Prado Jr. realizou em *Formação do Brasil contemporâneo*, a investigação sobre este tema inicia justamente pela compreensão de como se formou a periferia do mundo na qual o país se insere. Este posicionamento em função de um todo, e não exclusivamente da história local, pressupõe premissas da formação determinadas por mediações inalcançáveis por uma simples escolha. Neste sentido, na origem desta condição periférica fermentam determinações que sustentam, no caso do Brasil, o forte sentimento de uma formação social dualista que sempre parecerá inconclusa. Há muitas semelhanças entre estas elaborações de Furtado e a concepção do desenvolvimento desigual visto anteriormente. Diz ele que "[a] linha de expansão da economia industrial europeia foi em direção às regiões" que constituíram antigas colônias.[26] Nesses locais, o investimento do capital produziu enormes impactos. O resultado "foi quase sempre a criação de estruturas híbridas",[27] onde passaram a coexistir a estrutura social moderna e sua fratura atrasada. A dualidade que distingue centro e periferia, pensada assim, se reproduz também no espaço interno da própria periferia. Estas formulações se baseiam em um novo deslocamento da crítica imanente, agora feita no período do pós-Segunda Guerra. Nelas houve um acúmulo crítico ante a grande atualização do sistema produzida por duas guerras totais de raio mundial. Desde a Primeira Revolução Indus-

[26] Celso Furtado, "Elementos de uma teoria do subdesenvolvimento", em Rosa Freire d'Aguiar (org.), *Essencial Celso Furtado*, São Paulo, Companhia das Letras, 2013, p. 128.

[27] *Idem, ibidem*, p. 129.

Posfácio

trial, que serviu para distinguir sociedades modernas e arcaicas no século XIX, o Brasil, diz Celso Furtado, se incluiu no mercado mundial como exportador de produtos primários e, mais tarde, por desenvolver uma industrialização claudicante. Este contexto batismal seria, ao mesmo tempo, uma explicação dos descasos e patologias que a nação acumulou ao longo de pouco mais de um século e meio, e o ponto de retorno sobre o qual o desejo de corrigir o passado deveria focar se quisesse realizar as promessas do futuro. No fundo, uma espécie de sina que explica o destino torto em que a história do país se desenrolou. Se há um acerto nesta perspectiva de análise, pelo esforço de compreensão do todo que insere a particularidade como algo determinado e, simultaneamente, dotado de uma história própria, de outra parte, *esta totalidade passa a ser frequentemente empobrecida como produto de uma soma de medidas que formam ao fim unidades mais ou menos independentes e potencialmente homogêneas.* O capital, porém, quando se espalhou pelo mundo, assim o fez seguindo as determinações de validação da sua lógica constitutiva. O caráter socialmente sádico do fetichismo, que vira as costas ao molde ideal da nação, não deixa de se objetivar também — e principalmente — na periferia.

Neste sentido, a formação social concebida por Furtado é uma forma dualista regida por tempos distintos. O processo de modernização da periferia, que para ele responde preponderantemente às aspirações de consumo de luxo das camadas altas da sociedade, produz uma cunha interna que separa os modos de vida dessa elite e das classes populares, estas entregues a padrões não civilizados de existência. Logo, se houver um esforço consciente de construção da nação, ele deveria procurar desenvolver um sistema econômico em todo o território nacional que, mais do que às necessidades fetichistas de valorização do capital, atenderia às necessidades destas camadas subalternas. Tomado como um imperativo, a perspectiva de transformação das condições de vida das classes populares é comum a todo o pensamento da tradição crítica brasileira. Antonio Candido, a propósito, toma esta medida como critério para definir a radicalidade deste pensamento.[28] Assim, o desenvolvimento da sociedade deve compor a unidade de seus paralelismos temporais e criar as condições para a superação do polo atrasado. É uma tarefa da homogeneização do consumo realizar esta unidade, consolidando um padrão mínimo de civilidade por meio das necessidades básicas em oposição ao luxo. O desenvolvimento, assim concebido, é muito diferente de um simples crescimento da economia. Ele tem a missão de integrar o país no processo civilizatório. O próprio Furtado observa isso ao pretender que a sua realização se efetive primordialmente através de mudanças qualitativas do humano e não pela frieza reificada das cifras.[29] Não é algo menor este sentimento, principalmente quando se trata de um país em que milhões estão imersos na mais execrável condição de miséria. Mas, seja como for, há mesmo assim um descolamento entre o sentimento e o objeto da crítica.

José Luís Fiori, num momento de entusiasmo com os resultados pregressos do desenvolvimentismo, faz duas obser-

[28] "Essa dualidade cultural, de que temos vivido, tende, naturalmente, a ser resolvida, e enquanto não for não podemos falar em civilização brasileira. Tende a ser resolvida econômica e socialmente, no sentido da integração de grandes massas da nossa população à vida moderna. Ora, precedendo a obra dos políticos [...] a literatura, a seu modo, colocou primeiro e encaminhou em seguida a solução do problema. [...] fazendo lembrar a existência do homem rural, explorando-o como motivo de arte [...]." Cf. Antonio Candido, "Poesia, documento e história", em *Brigada ligeira* [1945], Rio de Janeiro, Ouro sobre Azul, 2017, p. 41.

[29] "Não me escapava que o verdadeiro desenvolvimento dá-se nos homens e nas mulheres [...]", C. Furtado, *Brasil: a construção interrompida*, op. cit., p. 75.

vações que colocam em perspectiva o significado da relação entre este processo social e o crescimento econômico, postos a serviço da construção da nação: "o Brasil foi o único país latino-americano que durante a sua 'era desenvolvimentista' (1950-1980) foi capaz de ocupar economicamente o território, construindo uma infraestrutura relativamente complexa e integrada [...], além de industrializar-se e manter durante trinta anos a segunda taxa média anual mais alta de crescimento econômico do mundo".[30] E, num outro lugar, Fiori retoma este argumento: "Entre 1945 e 1980 o Produto Interno Bruto cresceu à taxa anual média de 7,1%, [...] e a participação do setor industrial na Renda Interna" chegou a 33,4% em 1970.[31] O desenvolvimentismo, assim visto, se aproxima muito do que Guy Debord chamou de uma forma espetacular. Uma força épica motorizada que hipnotiza, principalmente porque conduz a uma transformação profunda da percepção de tempo e espaço, que passam a ser medidos integralmente pelo tempo linear e abstrato da fase superior do capitalismo.[32] Ela elimina o confronto entre a imposição

[30] José Luís Fiori, "A ilusão do desenvolvimento", em *Brasil no espaço*, Coleção Zero à Esquerda, Petrópolis, Vozes, 2001, p. 27.

[31] *Idem*, "Para um diagnóstico da modernização brasileira", em *Polarização mundial e crescimento*, Coleção Zero à Esquerda, Petrópolis, Vozes, 2001, p. 273.

[32] "Este desenvolvimento incessante do poder econômico sob a forma mercadoria, que transfigurou o trabalho humano em trabalho-mercadoria, em assalariado, atinge cumulativamente uma abundância na qual a questão primeira da sobrevivência foi sem dúvida resolvida, mas de uma maneira tal que ela sempre deve ser reposta: a cada vez deve ser levada a um degrau superior. O crescimento econômico libera as sociedades da pressão natural que exige sua luta imediata pela sobrevivência, mas, então, é de seu libertador que elas não estão libertas. [...] A economia transforma o mundo, mas o transforma apenas em mundo da economia. A pseudonatureza na qual o trabalho humano foi alienado exige prosseguir ao infinito seu serviço, e este serviço, não sendo julgado e absolvido senão por

do tempo linear absoluto e um tempo da dialética em que a particularidade ainda podia existir. Esses feitos podem ser deixados na conta da expansão espacial do capital (Neil Smith), que se apresentam como obra de um sujeito automático que não reduziu apenas os indivíduos a meros espectadores, mas os transformou na própria matéria espetacular em que suas contradições se resolvem. O autômato, dessa forma, não é um momento particular do desenvolvimento do sistema. Sabe-se que, por sua origem, ele é parte desdobrada do todo. Porém, na promessa de saltar etapas, como dizia Trótski, e realizar a cópia do modelo, esta autoimagem tem o papel de requerer a energia da nação para forçar o emparelhamento da humanidade, confirmando a crença num suposto devir naturalizado da história. A referida autoimagem valida o esforço de cada nação, caso tome consciência de que pode se desenvolver justamente até — e repetindo — o ponto "avançado" pelo todo, representado no mercado mundial. Quer dizer, a autonomia da parte ganha precedência sobre a dependência do tempo lógico constitutivo das categorias do sistema. E esta dependência aparece apenas como um laço de dominação política. O que fica oculto, no entanto, é o imperativo da concorrência que, naturalizado, se mistura e anula objetivamente o desejo legítimo de uma realidade menos abrasiva. A concorrência é a essência do que nesta realidade não vive.

Neste sentido, a novidade de Celso Furtado está no seu conceito de subdesenvolvimento. Ele comunga em boa parte das concepções teleológicas ilustradas, como pode ser cons-

---

ele próprio, de fato obtém a totalidade dos esforços e dos projetos socialmente lícitos, como seus servidores. A abundância das mercadorias [...] não pode ser mais do que a sobrevivência aumentada" [§ 40]. Guy Debord, *La Société du spectacle*, Paris, Gallimard, 1992, p. 38 [ed. bras.: *A sociedade do espetáculo*, tradução de Estela dos Santos Abreu, Rio de Janeiro, Contraponto, 1997].

tatado pelo uso do prefixo "sub", que necessariamente remete a algo inferior, algo que desandou na sequência de uma escala, ou mesmo, que teve um desenvolvimento anormal, prejudicado por contingências incontornáveis. Por outro lado, neste conceito, Furtado admite que tal estado de coisas pode ser um modo definitivo de existência e não uma etapa do desenvolvimento a ser cumprida. Ao se reproduzir numa estrutura que é funcional para o sistema, ele se constitui neste tipo acabado que, por impasses paralisantes, parece ter desperdiçado as potencialidades ao perder a oportunidade de desenvolvê-las. Há algo de homem gabiru neste elo que não ganhou conexões e permaneceu vivo mas perdido para a progressão social. A fome, este óbice da existência humana em sociedade, paralisou o crescimento e a realização de suas faculdades. Agora, esta sociedade é apenas um tipo inferior. Francisco de Oliveira foi quem recolheu este diferencial nas teorias do desenvolvimento desigual e cristalizou a paralisia do desigual como algo definitivo. Na imagem que ele criou, a de um ornitorrinco, esta forma de existência seria um fóssil vivo que resulta de um impulso sem força para ser plenamente contemporâneo das formas mais avançadas.[33] Não há problema em manter relações comparativas ou mesmo criar, a partir disso, escalas. A questão é que, neste caso, a história medida por estas escalas é concebida acriticamente como uma segunda natureza, cuja realização esperada do fim, como finalidade e ponto de chegada, acaba sendo o drama de todos os seus acontecimentos e frustrações. Em última instância, segundo esta concepção, compartilhada também pelo marxismo tradicional, o não desenvolvimento positivo das categorias de base do sistema é um fracasso, pois elas seriam uma condição necessária para avanços civilizatórios futuros,

[33] Francisco de Oliveira, *Crítica à razão dualista/O ornitorrinco*, São Paulo, Boitempo, 2003.

que deve ter nas forças produtivas do capital seu meio. Além disso, as formas patológicas e as paralisias atuais ficam por conta da cronificação do arcaico, sua permanência e irresolubilidade, e não como resultado do mais alto desenvolvimento do presente.

Em diversos aspectos a originalidade do caso brasileiro foi percebida pela nossa tradição crítica que, guardadas as diferenças, tem certo parentesco com a dos russos. Ela compreendeu, a seu modo, a insatisfação com o existente e o desejo intenso de pensar outro país, porém, mais como um sentimento de justiça do que uma análise crítica das reais potencialidades da forma que a vida nacional assumiu. Em panos teóricos, foi menos uma crítica da economia política e mais uma crítica deste lugar que se tornou definitivo: uma área periférica da economia mundial. Se o esforço dos russos foi o entendimento da história do capitalismo naquela encruzilhada da grande crise de crescimento e da passagem à fase superior, o da nossa tradição crítica pode ser entendido como o esforço de compreensão da história do esgotamento desta fase e do início do declínio do sistema visto desde a periferia. Um testemunho da frustração das promessas inalcançáveis e da experiência do cotidiano de horrores que a acompanha. Nem sempre, porém, a teoria tem consciência de todas as implicações do que está pensando. Na medida em que a infraestrutura da promessa de país do futuro começou a falhar e a perder impulso, mais e mais a crítica ficou presa a aspectos subjetivos.

4.

Muitos dos grandes acontecimentos modernizantes do Brasil ocorreram sem nenhuma participação política das massas. Isso foi percebido, entre tantas obras, ainda na represen-

Posfácio

tação da Independência, feita num quadro de Pedro Américo,[34] ou na descrição de Machado de Assis da Proclamação da República, em *Esaú e Jacó*. Num país fundado no trabalho escravo, apenas a abolição contou com um processo social de participação mais amplo — mas, apesar disso, limitado. Essas datas são frequentemente evocadas para indicar o que seria um determinado modelo de transição para o capitalismo. Contudo, este debate das vias de transição reproduz esquemas que podem parecer razoáveis para entender a modernização europeia na necessidade de superar a sociedade feudal. Porém, no Brasil, como Caio Prado Jr. mostrou, desde a colonização o sentido da ocupação dessas terras foi essencialmente econômico e, portanto, associado ao processo de expansão do nascente capitalismo. Logo, esta é sua própria origem, mesmo que numa forma cindida e desvalorizada em relação à Metrópole. Em vista disso, não parece ser razoável conceber o processo de colonização, com essas características, fundando algo diferente das determinações constitutivas. O desafio, por isso, é pensar o processo de formação do Brasil por meio de suas modernizações retardatárias.[35] O caráter tardio destas se deve ao fato da sua articulação com as categorias-base do sistema ocorrerem numa fase posterior à sua constituição positiva no centro. Nessas modernizações da modernidade (lembrando a expressão de Robert Kurz), o capitalismo na periferia se atualiza mantendo a simultaneidade de suas categorias fundamentais. Não obstante a tendência à equalização, estas continuam diferentes em relação às do centro, onde se realizam conforme determinações próprias. Como diz Roberto Schwarz:

[34] Trata-se do quadro *Independência ou morte*, de 1888.

[35] C. A. Boechat (org.), *Os sentidos da modernização: ensaios críticos sobre formação nacional e crise, op. cit.*

A dificuldade de que tratamos aqui é mais específica: nos países saídos da colonização, o conjunto de categorias históricas plasmadas pela experiência intraeuropeia passa a funcionar num espaço com travejamento sociológico diferente, *diverso mas* não alheio, em que aquelas categorias nem se aplicam com propriedade, nem podem deixar de se aplicar, ou melhor, giram em falso mas são a referência obrigatória, ou, ainda, tendem a um certo formalismo. Um espaço *diverso*, porque a colonização não criava sociedades semelhantes à metrópole [...]. Mas um espaço *de mesma ordem*, porque também ele é comandado pela dinâmica abrangente do capital, cujos desdobramentos lhe dão a regra e definem a pauta.[36]

Desses grandes acontecimentos faz parte também a industrialização do Brasil, cercada por uma aura de acasos. Ao que parece, seu feito, como o da lua, foi roubar a luz de outro astro. Fernando Novais e João M. Cardoso de Mello, enumerando um rosário de atrocidades que acompanharam o Brasil nos dois últimos séculos, dizem que "[nossa industrialização] resultou antes de circunstâncias favoráveis, para as quais pouco concorremos, do que de uma ação deliberada de 'vontade coletiva'".[37] Celso Furtado também considerava a ausência de um centro de decisões interno umas das fraquezas da economia nacional. Ocorre que as industrializações

[36] Roberto Schwarz, "Um seminário de Marx", em *Sequências brasileiras: ensaios*, São Paulo, Companhia das Letras, 1999, p. 95.

[37] Fernando A. Novais e João Manuel Cardoso de Mello, "Capitalismo tardio e sociabilidade moderna", em Lilia M. Schwarcz (org.), *História da vida privada no Brasil. Contrastes da intimidade contemporânea*, vol. 4, São Paulo, Companhia das Letras, 1998, p. 545.

Posfácio

no pós-Segunda Guerra já estão de fato marcadas pelo excesso de capital ocioso no mercado mundial. Foi do investimento desse capital e das dívidas do Estado que se formou um departamento de bens de capital (D1) e se completou o departamento de bens de consumo duráveis (D2).[38] Assim, a produção industrial no Brasil não resulta de uma dinâmica endógena de acumulação mas depende de trocas com o capital multinacional. Este é um dos impasses do subdesenvolvimento, segundo seus teóricos. O valor produzido aqui depende, para se financiar, de uma mediação com a economia externa. Da mesma forma, o mercado de trabalho nacional, a que Neil Smith reportava para entender o processo de equalização, se forma antes para a produção agroexportadora e somente mais tarde para a indústria. Além disso, desde os primeiros anos do desenvolvimentismo se constituiu uma população relativa que excedia em muito os ciclos de alta e baixa da economia. Estas são situações em que os componentes da fórmula trinitária do capital[39] só puderam se autonomizar

[38] "Nesse processo, o estabelecimento de uma legislação trabalhista (com a Consolidação das Leis Trabalhistas, em 1943) e a formação de um parque industrial de base (com siderurgias, metalúrgicas e com a criação da Petrobras) foram outros pressupostos colocados para a industrialização que se daria a seguir. Essa, intensificada a partir do fim da Segunda Guerra Mundial, poderia ser incluída no que Kurz (1995) aponta como decorrência do *boom* fordista, numa espécie de expansão intensiva do capital global. Essa expansão, por sua vez, materializada nos resultados do chamado Plano de Metas do governo Juscelino Kubitschek (1956-1961), sobretudo pelo estabelecimento da indústria automobilística e pela industrialização da agricultura nacional, pode ser vista como fruto da exportação do Departamento I, já produzido em excesso nos países centrais, notadamente nos EUA." Cf. Grupo de Sexta, "Formação do trabalho e modernização retardatária no Brasil", em C. A. Boechat, *Os sentidos da modernização: ensaios críticos sobre formação nacional e crise*, op. cit., p. 329.

[39] Karl Marx, *O Capital: crítica da economia política*, vol. III, cap. 48, São Paulo, Boitempo, 2017, pp. 877-93.

parcial e muito tardiamente, o que se traduziu em inúmeras anomalias que passam a ser o resultado do desenvolvimento, nunca da sua falta. Esta constituição categorial crítica, isto é, efetivada já num momento de crise do sistema, é essencial para se entender a frustração das expectativas do desenvolvimentismo. Essas categorias não são uma cópia retardada das do centro. Antes, estão em relação de interdependência com elas. No entanto, são obrigadas a se desenvolver num regime de concorrência maduro sem que as suas condições para tal fossem possíveis. Alfredo Anselmo as define como categorias negativas pois o modo de sua existência não é determinado por sua própria potência.[40] Por essa razão, são dependentes da forma positiva das categorias que constituem o sistema no centro do mercado mundial. Foi em função da crise de superacumulação no centro que a produção industrial de mais-valor passou a ser incrementada na periferia, realizando, então, a necessidade de valorização daquele capital excedente. Seguindo as mudanças e atualizações do sistema, diferentemente do que ocorria com a expansão no século XIX, agora são as grandes corporações que protagonizam este movimento, com uma relativa autonomia e desenvoltura em relação ao Estado-nação, produzindo, por isso, manifestações muito mais intensas que outrora do caráter socialmente sádico do fetichismo do capital. A formação das nações definitivamente não faz mais parte da sua conta.

Por isso, a discussão sobre o golpe civil-militar de 1964 é um cruzamento difícil entre, de um lado, a força social criada pela promessa do Brasil em ser outro e, de outro, os limites e a impossibilidade da infraestrutura desse desejo, além das sempre presentes forças de conservação do *status quo*. Analisando este contexto, José Luís Fiori sustenta que nesta

[40] A. Alfredo, *Crítica à economia política do desenvolvimento e do espaço*, *op. cit.*, p. 14.

época a esquerda começou um processo de crítica ao bloco populista dominante, produzindo uma radicalização no seu programa econômico.[41] O que esteve em aberto neste momento foi uma discussão sobre uma melhor distribuição da riqueza nacional. Ela poderia acrescentar, caso tivesse sido realizada, alguns elementos de bem-estar social ao processo de modernização retardatária, cujo caráter esteve então em disputa. Como observou Roberto Schwarz, houve ali um "grão de otimismo" circunscrito a uma brecha, na qual ainda era possível algum nível de interferência.[42] Mas, com o golpe de 1964, o resultado foi outro tipo de "inflexão", como dizem Novais e Cardoso de Mello, "com a mudança do 'modelo' econômico social e político de desenvolvimento"[43] que se consolidou entre 1967 e 68. Esta inflexão "poderia ser pensada como parte do processo de ficcionalização da reprodução do capital que expressava seus primeiros indícios".[44] Um fenômeno desta ordem já era parte do fim do *boom* fordista e, com ele, dos trinta anos gloriosos do pós-Segunda Guerra. Foi também o início da crise que se abriu nos anos 1970 e se tornou crônica com as mudanças tecnológicas da microeletrônica no início dos 1980.

[41] Na abertura dos anos 1960, "a oposição de esquerda distanciou-se do projeto inicial e sustentou sua crítica ao 'modelo de substituição de importações', o que se transformou na primeira tentativa de reforma social e democratizante do desenvolvimentismo juscelinista". Cf. J. L. Fiori, "A ilusão do desenvolvimento", em *Brasil no espaço*, *op. cit.*, p. 28.

[42] Roberto Schwarz, "Posfácio com perguntas", em F. de Oliveira, *Crítica à razão dualista/O ornitorrinco*, *op. cit.*, pp. 14-5.

[43] F. Novais e J. M. C. de Mello, "Capitalismo tardio e sociabilidade moderna", em L. M. Schwarcz (org.), *História da vida privada no Brasil. Contrastes da intimidade contemporânea*, *op. cit.*, p. 654.

[44] Grupo de Sexta, "Formação do trabalho e modernização retardatária no Brasil", em C. A. Boechat, *Os sentidos da modernização: ensaios críticos sobre formação nacional e crise*, *op. cit.*, p. 329.

A crise dos anos 1970 é, na medida em que se distancia no tempo, cada vez mais compreendida como um marco sinalizador de uma mudança profunda na história contemporânea. Giovanni Arrighi a toma como o primeiro sinal da crise estrutural do sistema: "A partir daí, tornou-se impossível deter a expansão financeira".[45] Hoje parece haver poucas dúvidas sobre a gravidade do processo e do seu significado. A crise hoje em curso, em que a autocontradição do sistema se apresenta na história como uma sequência interminável de catástrofes, tornou-se o fantasma que ronda o mundo e embaralha suas cartas. A globalização, neste sentido, foi apenas uma consequência. Açoitadas pela concorrência criada pela revolução microeletrônica, as economias nacionais não tiveram outra opção além de se abrirem, unificando o mercado mundial e suspendendo as mediações e proteções do período anterior. Ainda em 1974, Celso Furtado já contava com o fato de que o desenvolvimento bem poderia ser um mito. O preço do desenvolvimento parecia mesmo ser algo impagável, dados os limites para decisões autônomas num mercado crescentemente competitivo e globalizado, acrescidos pelos dados alarmantes do Relatório do Clube de Roma, que ressaltava estarem os recursos naturais, depois do *boom* fordista, se exaurindo, o que tornaria mais seletivas e acirradas as disputas para acessá-los. O resultado final poderia ser uma forma crua de barbárie, pois "a partir do momento em que o motor do crescimento deixa de ser a formação do mercado interno para ser a integração com a economia internacional, os efeitos de sinergia gerados pela interdependência das regiões do país desaparecem, enfraquecendo consideravelmente os vín-

---

[45] Giovanni Arrighi, *O longo século XX: dinheiro, poder e as origens do nosso tempo*, Rio de Janeiro/São Paulo, Contraponto/Editora UNESP, 1996, p. 309.

culos de solidariedade entre elas".[46] Se o sentido civilizatório do desenvolvimento teve algum refúgio, este esteve na temática da "construção da nação". Com a globalização, perderam qualquer sentido "a política como forma de regulação e a nação como espaço relacional do sistema produtor de mercadorias" (Kurz). Portanto, o subdesenvolvimento, nó górdio dos impasses do desenvolvimento, entra em colapso. Como observou Furtado, o subdesenvolvimento "não tem orientação definida [... e] espontaneamente não pode levar senão a alguma forma de catástrofe social".[47]

5.

Este é o contexto da brasilianização: um modelo de organização da instabilidade e do horror cotidiano que a crise do capitalismo passou a produzir em todos os quadrantes do planeta. Ainda nos anos 1980, a sociologia dos países centrais precisou admitir que o desemprego já não se explicava apenas pelos ciclos econômicos. Permanecem em aberto as polêmicas em torno do desemprego estrutural ou de sua compensação pelo setor de serviços. Num de seus ensaios sociológicos, Theodor Adorno observa que qualquer tendência da sociedade pós-Segunda Guerra não se define pela análise isolada de dados, mas por uma teoria do todo. Nesse sentido, parece não haver dúvidas sobre a relação entre a persistente crise de crescimento, o colapso do desenvolvimento e as novas condições técnicas de produção. Fazendo jus à afirmação de Adorno, para compreender as atuais transformações da sociedade é essencial um posicionamento diante desses fenômenos para se dimensionar seu sentido e seu impacto. Os

[46] C. Furtado, *Brasil: a construção interrompida*, *op. cit.*, p. 32.

[47] *Idem*, *ibidem*, p. 57.

termos aqui mobilizados por Paulo Arantes apontam para um acontecimento que alterou a ordem estrutural anterior. Ao comentar a fratura francesa, ele diz que a "generalização das ditas fraturas, [...] estaria assumindo proporções brasileiras irreversíveis [...]"; ou que "a exclusão assim entendida já não carrega consigo nenhum princípio de recomposição da sociedade" etc.[48] Está em curso um processo de flexibilização e desintegração do mundo do trabalho. Como o trabalho abstrato é uma categoria fundante da forma social, qualquer mudança sua é uma alteração da totalidade. Numa sociedade regida por formas abstratas como a mercadoria, o dinheiro etc., em que a sociabilidade depende de uma colocação na vida econômica, perder o emprego hoje em dia é bem mais do que "ficar momentaneamente no prejuízo".

O argumento de Paulo Arantes é que a sociedade — como forma da "totalidade dos homens que vivem numa época determinada"[49] — está se desfazendo. Este raciocínio, tomado como premissa, situa a abrangência que o desenvolvimento do tema recebeu. A fratura, portanto, não é uma defasagem entre passado e presente, mas o modo pelo qual o presente é vivido. Poderia se falar de um tempo simultâneo a todas as sociedades nacionais. Tempo este que se realiza numa simultaneidade negativa,[50] em que, longe das alegrias do futuro ansiadas por Maiakóvski, se estaria no olho do *reverso da utopia* temido por Smith, onde suas desgraças não contam mais com uma possível espera de melhoras. O desempre-

[48] Paulo Eduardo Arantes, "A fratura brasileira do mundo", em *Zero à esquerda*, São Paulo, Conrad, 2004, p. 55 [nesta edição, pp. 58-9].

[49] Theodor W. Adorno, "Sociedad", em *Epistemologia y ciencias sociales*, Madri, Cátedra, 2001, p. 9.

[50] R. Kurz, "A ruptura ontológica", em Maria Elisa Cevasco e Milton Ohata (orgs.), *Um crítico na periferia do capitalismo: reflexões sobre a obra de Roberto Schwarz, op. cit.*

go em alta produz um novo tipo de aparição das desigualdades e da pobreza. Estas já não podem ser pensadas — tampouco organizadas politicamente — sob uma concepção de reforma social. Na verdade, não há mais como compor a questão social, na medida em que chegou ao fim a própria continuidade da existência da sociedade moderna. Na fase clássica do desenvolvimento da sociedade industrial, quando as sociedades nacionais se colocaram estas questões, as perspectivas de expansão do capital pareciam infindáveis. A noção de que o crescimento econômico poderia acomodar conflitos, pelo visto, foi comum a todos os lados do mundo. Com a crise, no entanto, praticamente se extinguiram os ciclos vigorosos de crescimento.[51]

A ideia de redualização, empregada aqui por Paulo Arantes, poderia produzir, numa leitura afoita, um efeito enganoso em relação a este quadro de "colapso do vínculo social".[52] Como, para quem perde o emprego, há de fato uma exclusão das condições de reprodução social, a imagem de dois espaços distintos, mesmo que unificados pelo conceito de sociedade, pode aparecer como projeção de um velho modelo do passado, quando não é. Por isso, a concepção deste processo inversor da sociedade poderia talvez ser mais bem entendida se fosse pensada como um plano inclinado e estilhaçado em fragmentos, cada vez mais íngreme, para cujo fundo tudo parece ser tragado por uma força centrípeta. Assim, não apenas o novo tempo do mundo se faz único, como o espaço também é único. E ele não é um espaço vazio, aniquilado pelo tempo. Pois o que nele se processa é este tempo equalizado de uma crise do fim. É esta dinâmica que cria a

[51] J. L. Fiori, "A ilusão do desenvolvimento", em *Brasil no espaço*, *op. cit.*, p. 25.

[52] P. E. Arantes, "A fratura brasileira do mundo", em *Zero à esquerda*, *op. cit.*, p. 50 [nesta edição, p. 58].

ilusão de ainda existir alguma estabilidade. Ela projeta a falsa impressão — podendo ser verdadeira somente por um momento — segundo a qual as consequências desastrosas da crise são sentidas apenas por uma parte da sociedade que, por isso, fica apartada da restante. Neste plano inclinado — apenas uma imagem para dar conta da dinâmica de crise final de um tipo histórico de sociedade que esgotou sua potência e, por isso, já não pode ser reformada —, a violência vai surgindo com causas e plasticidade novas. Diz Paulo Arantes que "a grande fratura passa a ser vista também como o que separa os que são capazes e os que não são capazes de policiar suas próprias pulsões [...]".[53] É um jogo perverso, como aliás mostrou Silvia Viana, ao escrutinar os porões dos *reality shows*. Todos querem vencer e se salvar, não importa a que preço. Como a violência preponderante não responde a um apelo moral, ou mesmo de deslocamento de identidades culturais, ela bem pode ser um reflexo da dissolução do sistema, produzindo-a como continuidade e preenchimento dos laços de sociabilidade que se encolhem. Seu vínculo causal, neste caso, é com a falha da abstração real que sustenta o fetichismo. Ou, dito de outro modo, é a matéria obscura que esta abstração sempre carregou — seu momento cindido —, mas que ficava eclipsada pela aparência de entendimento entre as pessoas, produzida pelas relações de troca (M-D-M). Como o desemprego cria enormes contingentes de "sujeitos monetários sem dinheiro" (Robert Kurz), esta falha se repete ao ponto de inviabilizar a existência social de um contingente muito significativo de indivíduos. O resultado é uma violência que explode espontaneamente, sem motivo aparente. Parece um fio de alta-tensão desencapado e perdido numa terra de ninguém, que prepara tocaias do nada para qualquer um que esteja vivo e disponível. O fato de que esta violência

---

[53] *Idem, ibidem*, p. 51 [nesta edição, p. 52].

Posfácio

também, e cada vez mais, precisa se organizar e se relacionar com atividades econômicas lícitas, onde o seu uso e a aparência de entendimento se sucedem intermitentemente, diz algo do papel funcional à permanência do todo. Ela foi banalizada, e por isso, ao que parece, faz parte de "uma diversificação do tecido orgânico".[54] Para Durkheim, a toda função corresponde uma necessidade. Tanto a violência extraeconômica como a violência paraestatal têm relações e consequências nas práticas de rapina, ambas na base da economia política da barbárie em que esse tempo abisma.

6.

Ao viver seu fim, o arranjo econômico e político que organizou e instituiu a sociedade moderna recupera um esqueleto escondido no armário da história. A fundação de aglomerados humanos nos trópicos seguiu o objetivo exclusivo da atividade econômica. A dominação cega da economia empresarial, no Brasil, encontrou condições e pessoas dispostas a realizar seus fins sem se preocupar com o insano sacrifício de vidas que tal finalidade exigiu. O horror da perseguição às bruxas e das guerras com armas de fogo, na Europa, ganhou, nos trópicos, a autonomia de uma luta incessante contra a natureza e todos os que pareciam a ela misturados em demasia, como negros, índios e mulheres. Ao cabo, se formou por aqui uma sociedade de novo tipo, regida pelo ganho e suas violências. A força civilizadora que conseguiu domar a barbárie da acumulação primitiva na Europa contou com reservas sociais anteriores, que o capitalismo não produziu nem precisou naquele momento aniquilar. Como pensou Debord,

[54] Émile Durkheim, *De la division du travail social*, Paris, PUF, 1986, p. 344.

nem toda cultura que permitiu momentos importantes de humanização da sociedade moderna nasceu diretamente dela. Com o desenvolvimento puro da sociedade burguesa, foram se gastando estas reservas.[55] O Brasil já se formou no osso, em que a liga entre os povos aqui reunidos, dado o imperativo do lucro, não produziu, no dizer de Caio Prado Jr., um nexo moral.[56] O capitalismo precisa do Estado, e este precisa forjar uma nação. Ao mesmo tempo que forma, ele gasta e destrói esses recursos. No fim, esta bandeira desbotada e puída, que um dia representou um país, é apenas um fetiche. O que assusta na brasilianização do mundo é que ali, logo abaixo da superfície da sociedade contemporânea, descobre-se algo muito parecido com a origem desta sociedade nos trópicos: tudo só se sustenta pelo uso da violência, e ela justifica o plano sagrado de um aglomerado que se funda na transformação de dinheiro em mais dinheiro. Querer que esta empresa um dia se transformasse numa nação, mais do que um nacionalismo de crise, era o reconhecimento de que um pouco de civilização tornaria a existência de todos, principalmente os negros, índios e mulheres, mais suportável. Por isso esse tema foi tão recorrente, inclusive na tradição crítica brasileira. Pensando bem, ela própria foi, em grande medida, um importante esforço civilizatório. O colapso do desenvolvimentismo deu cabo a este esforço. Com o desmonte da nação, voltamos ao nosso cenário de origem: "a síndrome brasileira da construção nacional abortada, e além do mais

[55] "A cultura é a esfera geral do conhecimento e das representações do vivido nas sociedades históricas divididas em classes [...]" [§ 180]. G. Debord, *La Société du spectacle, op. cit.*, p. 187.

[56] Esta ausência de nexo moral é entendida "no sentido amplo de conjunto de forças de aglutinação, complexo de relações humanas que mantêm ligados e unidos os indivíduos e os fundem num todo coeso e compacto". Cf. Caio Prado Jr., *Formação do Brasil contemporâneo* [1942], São Paulo, Brasiliense, 1976, p. 345.

Posfácio

interrompida numa sociedade drasticamente heterogênea, 'dualizada' pelo próprio processo de modernização, o que precisamente define o subdesenvolvimento como resultado histórico e não etapa a ser percorrida linearmente".[57] Esse retorno é amargo, pois, como foi dito em outro momento, com a brasilianização não é apenas o centro que muda, mas também o Brasil. Como ficam as bases do pensamento crítico, na medida em que a relação entre o sentimento e o objeto da crítica se desfaz, com o luto por um futuro que não veio e o consequente colapso do país? Esse problema fica mais complexo porque "era justamente essa famigerada 'dualidade' que nos fazia pensar", segundo Paulo Arantes, e ela deveria o fazer "muito mais agora [...] que nossa fratura colonial congênita foi enfim igualada pela de um mundo que obviamente jamais conheceu a condição colonial".[58] Mas isso não ocorreu. O combustível que inflamava o pensamento da tradição crítica já não aparece nesta nova situação histórica. A imagem da dualidade da fratura colonial permitia a identificação de uma barbárie que, pensava-se, podia ser suprimida, principalmente porque era compreendida como uma permanência do passado, para o qual o progresso haveria de ser uma solução. O atual processo social de exclusão em massa, assim como o desmoronamento do país, apenas produzem uma dualidade como momentos aparentemente distintos do mesmo. A barbárie que disso resulta é paralisante, pois assemelha-se à origem, mas num nível de potência destrutiva que nela ainda não se adivinhava.

[57] P. E. Arantes, "A fratura brasileira do mundo", em *Zero à esquerda*, *op. cit.*, p. 57 [nesta edição, p. 61-2].

[58] *Idem*, *ibidem* [nesta edição, p. 62].

7.

Em outro ensaio do início do século XXI, Paulo Arantes se queixava justamente do apagar das luzes (literalmente!) desta capacidade coletiva de pensar que um dia foi a tradição crítica brasileira. Ou seja, a fratura que agora se escancarava mundo afora não serviu, dessa vez, para exortar "nossos varões sabedores" a tomarem as armas da crítica. Na verdade, aconteceu o inverso, o país ficou mais estúpido. Neste ensaio, publicado no jornal de maior circulação dominical do país, ele recuperava uma discussão de Adorno-Horkheimer sobre a estupidez dos inteligentes durante a ascensão do nazismo.[59] Com raciocínios sustentados em premissas muito assertivas, os inteligentes garantiam que Hitler contrariava os interesses da indústria de cerveja da Bavária, o que tornava impossível sua chegada ao poder.[60] A certeza de nadar a favor da correnteza, como dizia Walter Benjamin, sempre foi um subterfúgio confortante para o pensamento progressista. Numa conversa com Horkheimer, Adorno avança uma definição de inteligência que pode iluminar a visada de Paulo Arantes ao recuperar o tema. Diz Adorno:

> Pode-se definir o que seja inteligência. O conceito contém uma mistura de coisas bem diferentes: por um lado, a habilidade de pensar de maneira isolada o assunto em questão e, por outro lado, a ideia que vem do domínio sobre esse assunto. Esses dois aspectos estão conectados, mas o conceito usual de inteligência se refere apenas ao primeiro,

[59] *Idem*, "Apagão", em *Zero à esquerda*, São Paulo, Conrad, 2004.

[60] Theodor W. Adorno e Max Horkheimer, *Dialética do esclarecimento: fragmentos filosóficos*, Rio de Janeiro, Zahar, 1985, p. 195.

enquanto o segundo, que é o que conta, vem a reboque sob o título de intuição ou algo semelhante. Deve-se dizer que a inteligência formal é o atributo necessário, mas não suficiente, e que a intuição é apenas um tipo de experiência que é ativada repentinamente e não é de modo nenhum irracional.[61]

Articulada entre a habilidade de pensar e o domínio sobre um assunto que se estrutura socialmente, a inteligência é um exercício de juízos e polêmicas que não podem ser atribuídos a um ato *externo*, fora do contexto histórico e social. O indivíduo inteligente não surge *a priori*, mas é um resultado. Ele não pensa apesar da sociedade, mas sim em razão da sociedade. E quando há "a ausência de pensamento", como observou Paulo Arantes, esta situação não é um problema exclusivo de indivíduos estúpidos, mas também de uma sociedade em que as imposições brutais da sobrevivência se afirmaram avassaladoramente, ao ponto da concorrência econômica reduzir o humano às necessidades fisiológicas. A tradição crítica brasileira foi um setor importante da construção, num sentido bem amplo, de uma inteligência nacional, não concebida apenas como um grupo sociologicamente determinado, mas como estrutura comum de referências e valores.[62] Ela ajudou a desrecalcar a habilidade de pensar a realidade brasileira, dando importância ao debate público

[61] Max Horkheimer e Theodor W. Adorno, "Um atrapalho no trabalho", *Serrote*, nº 7, mar. 2011, p. 184.

[62] Poder-se-ia ampliar este argumento incluindo nesta estrutura autorreflexiva produções como o romance brasileiro, em especial o dos anos 1930, que, como disse Antonio Candido, inaugurou o romance brasileiro, "porque tent[ou] resolver a grande contradição que caracteriza a nossa cultura", a música popular, o Cinema Novo etc. Em todos esses campos a elaboração da contradição esteve presente. Cf. Antonio Candido, "Poesia, documento e história", *op. cit.*, p. 41.

e à abordagem de temas que ficaram à margem da história oficial, produzindo com isso uma disposição que requeria e dava oportunidade para um domínio desses assuntos. Ela fez parte de importantes aprofundamentos sobre a autocompreensão nacional. O ensaísmo do final da década de 1930 e a produção acadêmica posterior consolidaram um pensamento radical, permitindo formular juízos sobre a experiência de sofrimento, em especial das classes populares. Ambos manifestaram solidariedade para com elas. Num ambiente hostil a estas classes e de persistente "ausência de nexo moral", este programa de organicidade com o povo, de desmistificação do conhecimento dominante, teve um alcance, como já dito, de um radicalismo com impressionante força civilizadora. O grande deslocamento das tensões sociais produzidas pela modernização da modernidade deu forma, mesmo que tênue, para se pensar o monstruoso. É curioso que Paulo Arantes una esses dois elos, o da fratura e o da extinção da tradição crítica brasileira, no início do século XXI. Mas, pensando bem, faz todo o sentido. A tradição teórica que melhor trouxe para a representação e a análise as entranhas do Brasil perdeu sua força justamente quando o que mais temia se realizou. Ou seja, quando a barbárie mudou de qualidade e se generalizou. Para dar conta deste novo padrão de monstruosidades que o capitalismo produz no presente é essencial, de fato, pensar esta realidade em novas formas da crítica. Há um elemento comum entre o tempo do nazismo e o do apagão de 2001-2002. São épocas de enormes mudanças na estrutura do sistema. Nos anos da grande crise no coração do século XX, o capitalismo passou à sua fase madura, o que amplificou as formas de dominação fetichista. A estrutura desta dominação impessoal levou ao paroxismo a verdade parcial contida na teoria materialista das circunstâncias (para a qual os seres humanos constituem um produto do meio) a ponto desta dominação se tornar "quase" absoluta e amea-

Posfácio

çar a preservação da humanidade. O que a partir de uma reflexão individual poderia vir a ser contestado na sociedade, no exercício cotidiano dos papéis sociais, é anulado, e a coação sobre a sobrevivência, que a reflexão deveria fazer desaparecer, aparece reforçada. Com a crise estrutural do capitalismo, estes condicionamentos se ampliaram e a impotência dos indivíduos chegou a níveis demolidores — impotência ativa, enquanto autodestruição. Pensar depende de um esforço de se colocar a contrapelo, o que já não é óbvio e tampouco está ao alcance de quem o deseja. Como dizia Hegel sobre o mito de Hércules, dado que a sociedade já não pensa, este ato exige uma força demasiado grande e rara por parte do indivíduo.

A este processo de extinção da tradição crítica brasileira — que tem relação e repercussões com as mudanças profundas na sociedade desde os anos 1990 — se acrescentou, então, este senso comum da estupidez, cuja característica é a total ausência de pensamento. Este estado se faz presente no raciocínio justificador das mudanças pelos inteligentes de hoje. Na ascensão do nazismo foi "a inteligência liberal" que definhou. No Brasil do tempo do primeiro apagão, se extinguiu outra espécie, a "que nos habituamos durante dois séculos a chamar de 'progressista' [...] o lado propriamente esquerdo daquela matriz original da evolução e reforma do mundo".[63] O lugar do exercício da Inteligência, nos moldes como Adorno a definiu — uma camada essencial de resistência e regulação crítica do processo social, em oposição ao domínio da formalidade dos inteligentes, que já expressa um nível avançado da necrose social — foi substituído por uma "estratégia psicológica defensiva",[64] escorada em fórmulas

[63] P. E. Arantes, "Apagão", em *Zero à esquerda*, *op. cit.*, p. 15.

[64] Christophe Dejours, *A banalização da injustiça social*, Rio de Janeiro, Editora FGV, 2003.

de adesão à sociedade pós-colapsada, que pode ser "uma das chaves de comodidade propiciada pelo fetichismo — vai se cristalizando algo como uma convivência normalizadora com o horror econômico já naturalizado". Algo como "a estupidez da normalidade social sem pensamento".[65] Isso está longe de ser uma qualidade nacional — o "resto" não é um círculo infernal da selvageria em que as marcas particulares do país soçobram, mas um ritmo de dissolução da forma social total. Esta correção do curso, entre um tempo da dialética que comportava a particularidade a salvo da força avassaladora do universal e a fase atual que essas reflexões de Paulo Arantes indicam, foi evocada inicialmente por Roberto Schwarz, ao comentar "Dialética da malandragem". Dizia ele neste ensaio:

> Diante da extraordinária unificação do mundo contemporâneo sob a égide do capital (e da dinâmica enigmática do mundo dito socialista), aquela comunidade das nações é um conceito recuado da experiência histórica disponível, é um tempo morto da dialética. Não será mais plausível, como proposta, buscar os termos de uma história comum — que hoje parece antes uma condenação —, história de que sejam parte e reveladores tanto [...] o Brasil como os Estados Unidos?[66]

A normalidade sem pensamento, portanto, que historicamente apareceu pela primeira vez na Europa do entreguer-

---

[65] Paulo Eduardo Arantes, "Fim de jogo", em *Extinção*, Coleção Estado de Sítio, São Paulo, Boitempo, 2007, p. 219.

[66] Roberto Schwarz, "Supostos, salvo engano, de 'Dialética da malandragem'", em *Que horas são?*, São Paulo, Companhia das Letras, 1987, p. 153.

Posfácio

ras, é uma dificuldade de reflexão inerente ao capitalismo maduro, tempo no qual o mundo está unificado. Segundo Adorno e Horkheimer, ela é uma evolução da inteligência. O capitalismo, definitivamente, não tem nada a oferecer a não ser destruição e pensamento justificador. O empenho da esquerda progressista em fazer uma gestão social da barbárie, já ficou demonstrado, é parte do quadro em que evolui um fim que se nega a ser pensado como tal. Pensar o que resta, então, é ter a certeza que o fim do horror depende de se saber o que realmente o produz. As teorias que achavam que eram um antídoto a este estado de coisas falharam e com ele se mesclaram. Por isso, o tempo do fim pressupõe que se pense o que ainda não se pensou.

SOBRE O AUTOR

Paulo Eduardo Arantes nasceu em São Paulo, em 1942. Durante o ano de 1962, cursou Física na Universidade de São Paulo ao mesmo tempo que se dedica intensamente ao movimento estudantil. Entre 1965 e 1967 cursou Filosofia na FFLCH-USP, onde teve aulas com Bento Prado Jr., Ruy Fausto e José Arthur Giannotti. Doutorou-se pela Universidade de Paris IV em 1973 sob a orientação de Jean-Toussaint Desanti. De 1974 a 1998 foi professor no Departamento de Filosofia da mesma faculdade e nele foi editor-responsável da revista *Discurso* entre 1976 e 1991. Dirigiu na editora Vozes a coleção Zero à Esquerda entre 1997 e 2001, que reuniu livros de, entre outros, José Luís Fiori, Giovanni Arrighi, Francisco de Oliveira, Paul Singer, Maria da Conceição Tavares, Herbert Marcuse e Fredric Jameson. Dirige atualmente a coleção Estado de Sítio na editora Boitempo.

Do autor:

Hegel: a ordem do tempo. Tradução de Rubens Rodrigues Torres Filho. São Paulo: Polis, 1981; 2ª ed., São Paulo: Hucitec, 2000. Edição francesa: *Hegel: l'ordre du temps*, Paris: L'Harmattan, 2000.

Um ponto cego no projeto moderno de Jürgen Habermas: arquitetura e dimensão estética depois das vanguardas (com Otília B. F. Arantes). São Paulo: Brasiliense, 1992.

Sentimento da dialética na experiência intelectual brasileira: dialética e dualidade segundo Antonio Candido e Roberto Schwarz. São Paulo: Paz e Terra, 1992.

Um departamento francês de ultramar: estudos sobre a formação da cultura filosófica uspiana (uma experiência nos anos 60). São Paulo: Paz e Terra, 1994.

Ressentimento da dialética: dialética e experiência intelectual em Hegel. Antigos estudos sobre o ABC da miséria alemã. São Paulo: Paz e Terra, 1996.

O fio da meada: uma conversa e quatro entrevistas sobre filosofia e vida nacional. São Paulo: Paz e Terra, 1996.

Sentido da formação: três estudos sobre Antonio Candido, Gilda de Mello e Souza e Lucio Costa (com Otília B. F. Arantes). São Paulo: Paz e Terra, 1997.

Diccionário de bolso do Almanaque Philosophico Zero à Esquerda. Coleção Zero à Esquerda. Petrópolis/São Paulo: Vozes, 1997.

Zero à esquerda. Coleção Baderna. São Paulo: Conrad, 2004.

Extinção. Coleção Estado de Sítio. São Paulo: Boitempo, 2007.

A fratura brasileira do mundo. Série Cadernos Ultramares. Lisboa: Azougue, 2009.

O novo tempo do mundo e outros estudos sobre a era da emergência. Coleção Estado de Sítio. São Paulo: Boitempo, 2014.

Formação e desconstrução: uma visita ao Museu da Ideologia Francesa. Coleção Espírito Crítico. São Paulo: Editora 34/Duas Cidades, 2021.

Sobre a obra do autor:

Pedro Rocha de Oliveira, "Aborted and/or Completed Modernization: Introducing Paulo Arantes", em Beverley Best, Werner Bonefeld e Chris O'Kane (orgs.), *The Sage Handbook of Frankfurt School Critical Theory*, 3 vols. Los Angeles: Sage, 2018.

ESTE LIVRO FOI COMPOSTO EM SABON,
PELA FRANCIOSI & MALTA, COM CTP E
IMPRESSÃO DA EDIÇÕES LOYOLA EM PA-
PEL PÓLEN NATURAL 80 G/M² DA CIA.
SUZANO DE PAPEL E CELULOSE PARA A
EDITORA 34, EM JANEIRO DE 2023.